Del Intelecto a la Intuición

Alice A. Bailey
Maestro Tibetano Djwhal Khul

CAPÍTULO PRIMERO

CONCEPTOS DE INTRODUCCIÓN

"El método científico –independientemente del estrecho punto de vista agnóstico y pragmático –es incompleto e insuficiente por sí mismo– para establecer contacto con la realidad, exige por lo tanto el complemento de algo metafísico."

JOSEPH MARÉCHAL, S. J.

EL AMPLIO interés que el tema de la meditación ha despertado en la ACTUALIDAD, evidencia una necesidad mundial que exige clara comprensión. Cuando descubrimos una tendencia popular hacia cualquier dirección unilateral constante, podemos con certeza deducir que de ello surgirá algo que la raza necesita en su marcha hacia delante. Lamentablemente la meditación es considerada por quienes la definen superficialmente, como un "modo de orar". Sin embargo, se puede demostrar que en la correcta comprensión del proceso de meditación y en su acertada adaptación a las necesidades de nuestra civilización moderna, se encontrará la solución de nuestras dificultades pedagógicas y el método por el cual será posible llegar a la comprobación de la existencia del alma –ese algo viviente que llamamos "alma", a falta de un término más adecuado.

El propósito de este libro es dilucidar la naturaleza y la verdadera significación de la meditación, así como su aplicación en gran escala en Occidente. Se ha sugerido que, con el tiempo, suplantará a los métodos actuales de entrenar la memoria y llegará a ser un potente factor en los procedimientos pedagógicos modernos. Este tema ha preocupado a los pensadores de Oriente y Occidente durante miles de años, y esta similitud de interés es en sí misma importante. Los nuevos desarrollos que llevarán a la raza adelante por el sendero de su conciencia en desenvolvimiento, tomarán el camino de la síntesis. El crecimiento del conocimiento humano debe producirse por la fusión de las técnicas oriental y occidental ira el entrenamiento de la mente. Esto se está logrando rápidamente y los pensadores de ambos hemisferios comprenden que esta fusión lleva hacia un conocimiento más significativo. Edward Carpenter [1] dice:

"Parece que ha llegado el momento, con la difusión de nuestro conocimiento del globo, en que está teniendo lugar, en forma natural e inevitable..., una gran síntesis del pensamiento humano... A consecuencia de esta unión de los elementos, ya están surgiendo los tenues delineamientos de una filosofía que con toda seguridad debe dominar el pensamiento humano durante un prolongado período."

Aquí reside la gloria y la esperanza de la raza y el triunfo sobresaliente de la ciencia. Somos ahora un sólo pueblo; la herencia de cualquier raza está a disposición de las demás; las mejores ideas de los siglos están disponibles para todos; las antiguas técnicas y los métodos modernos deben unirse e intercambiarse. Cada uno deberá modificar su modo de presentación y realizar un esfuerzo para comprender el espíritu subyacente que ha producido una peculiar fraseología y simbología. Pero hechas estas concesiones se descubrirá que emerge una estructura de la verdad que encarnará el espíritu de la nueva era. Los pensadores modernos lo comprenden así, y el Dr. H. A. Overstreet, [2] señala:

"Sospechamos que la filosofía oriental ha tenido escasa influencia sobre el pensamiento occidental, debido principalmente al modo de exponerla. Pero existen todas las razones para creer que a medida que la influencia del pensamiento occidental –particularmente su empecinamiento experimental– se haga sentir en Oriente, se adoptará una nueva modalidad filosófica, y la profunda espiritualidad del pensamiento oriental será expresada en forma más aceptable para la mente occidental."

Hasta ahora ambas escuelas han manifestado mutuo antagonismo; sin embargo, la búsqueda de la verdad ha sido la misma; el interés por lo que es y lo que pueda ser, no está confinado a ninguno de los dos grupos, y los factores con los que han trabajado son los mismos. Aunque la mente del pensador oriental se deje llevar por la imaginación creadora, y la del investigador occidental por la realización científica creadora, el mundo que ambos penetran es curiosamente el mismo; el instrumento del pensamiento que emplean, se llama "mente" en Occidente y "sustancia mental" (chitta) en Oriente, y ambos emplean el lenguaje de los símbolos para expresar sus conclusiones, y alcanzan un punto en que las palabras son inútiles para incorporar las posibilidades intuidas.

El Dr. C G. Jung, [3] uno de los que tratan de unir estos elementos hasta ahora discordantes, los toca en el siguiente párrafo, extraído de su "Comentario sobre un Antiguo Escrito Chino", que dice:

"La conciencia occidental no es en manera alguna conciencia general, sino un factor históricamente condicionado y geográficamente limitado, que representa sólo a una parte de la humanidad. La expansión de nuestra propia conciencia no debiera proseguir a expensas de otros tipos de conciencia, sino realizarse mediante el desenvolvimiento de los elementos de nuestra siquis, análogos a los de una siquis extranjera, así como Oriente no puede prescindir de nuestra técnica, ciencia e industria. La invasión europea en Oriente fue un acto de violencia en gran escala y nos ha dejado el deber –*nobleza obliga*– de comprender la mente oriental. Esto es quizá más necesario de lo que creemos hoy."

El Dr. Wm. E. Hocking [4] de Harvard, también expone la misma idea cuando dice:

"Es razonable esperar un porvenir físico mejor para la raza, con la ayuda de una sana higiene mental. Para cuando haya pasado la era de los charlatanes y hasta cierto punto con la ayuda de los mismos, se vislumbra la posibilidad de un constante acrecentamiento del autodominio, a medida que el sentido espiritual de una disciplina como la de la yoga se combine con los sombríos elementos de la sicología occidental y con un sensato sistema de ética. Ninguno tiene valor sin el otro."

Quienes estudiaron en ambas escuelas, dicen que las imágenes místicas de Oriente (lo mismo que de nuestros místicos occidentales) son nada más que un velo tras el cual han podido penetrar siempre los dotados de percepción intuitiva. La ciencia de Occidente, al hacer resaltar la naturaleza de la forma, nos ha conducido también a la esfera de la intuición y parecería que ambos sistemas podrían fusionarse, y cada un –descartando lo no esencial– llegar a una comprensión básica recíproca, desarrollando un nuevo acercamiento al misterio central del hombre, fundado en antiguas y comprobadas verdades. El Dr. Jung [5] se ocupa de esto en el mismo libro:

"La ciencia es la mejor herramienta de la mente occidental; con ella pueden abrirse más puertas que con las manos. Por lo tanto, es parte integrante de nuestra comprensión, y sólo ofusca nuestra percepción cuando pretende ser el único y excepcional modo de captación. Pero Oriente nos ha enseñado otra comprensión más amplia, profunda y superior, es decir, la comprensión por medio de la vida. Conocemos este medio sólo vagamente, como un mero sentimiento difuso extraído de la terminología religiosa y, por consiguiente, placenteramente ubicamos la 'sabiduría' oriental entre comillas, y la relegamos a la oscura región de la fe y de la superstición. Pero de esta manera, el realismo oriental es enteramente incomprendido. No consiste en intuiciones sentimentales, exageradamente místicas que bordean lo patológico y emanan de los reclusos ascéticos y lunáticos. La sabiduría de Oriente está basada en el conocimiento práctico, y no tenemos la más leve justificación para despreciarla."

El nudo de la situación reside en el entrenamiento de la mente. La mente humana es el instrumento que podemos emplear en dos direcciones, hacia lo externo. Al actuar así registra nuestros contactos con los mundos físico y mental en que vivimos y reconoce las condiciones emocional y sensoria. Registra y correlaciona nuestras sensaciones, reacciones y todo lo que le llega por conducto de los cinco sentidos y el cerebro. Este campo del conocimiento ha sido estudiado extensamente, y mucho progreso efectuaron los sicólogos al comprender los procesos de la mentalización. El Dr. George Binney Dibblee [6] cita al Dr. Jung cuando dice que "pensar es una de las cuatro funciones psicológicas básicas". Es esa función psicológica que, de acuerdo con sus propias leyes, pone en conexión conceptual determinadas presentaciones. Es una actividad perceptible, activa y pasiva. El pensar activo es un acto de la voluntad, el pensar pasivo una ocurrencia.

Como veremos más adelante, el mecanismo pensante involucra la meditación y debe entrenarse para agregar, a la primera función de la mente, la aptitud de ir hacia otra dirección y registrar con igual facilidad el mundo interno e intangible. Esta aptitud reorientadora permitirá a la mente registrar el mundo de realidades subjetivas, de percepción intuitiva y de ideas abstractas. Esta elevada herencia del místico, al parecer, no está aún al alcance del hombre medio.

El problema que hoy enfrenta la familia humana, en el campo de la ciencia y de la religión, se debe a que quien sigue a ambas, descubre que se halla en el portal de un mundo metafísico. Ha llegado a su fin un ciclo de desenvolvimiento. El hombre como entidad pensante y sensoria parece haber llegado a una comprensión, bastante completa, del instrumento con el cual debe trabajar.

Y se pregunta: ¿En qué podrá emplearlo? ¿Adónde lo conducirá esa mente que poco a poco está aprendiendo a dominar?

¿Qué le tiene reservado el futuro al hombre? Algo que sentimos de mayor belleza y certidumbre que lo conocido hasta ahora. Quizá llegaremos universalmente a ese conocimiento que el místico individual ha obtenido. Nuestros oídos se ensordecen por el ruido de nuestra civilización moderna y, no obstante, captamos a veces sobretonos que testimonian la existencia de un mundo inmaterial. Nuestros ojos están cegados por la niebla y el humo de nuestro primer plano inmediato, no obstante llegan destellos de clara visión, que revelan un estado del ser más sutil y disipan la niebla, permitiendo ver "la gloria que jamás existió en mar o tierra". El Dr. Charles Bennet[7] de Yale, expresa estas ideas en términos muy hermosos:

"Cae el velo de los ojos y aparece el mundo bajo una nueva luz.
Las cosas ya no son comunes; llega la certeza de que éste es el mundo real, cuyo verdadero carácter ha permanecido oculto debido a W ceguera humana."

Allí donde los sistemas giratorios se oscurecen
y se remontan nuestros insensibles conceptos,
aunque prestemos atención,
no percibiremos la caída de una pluma,
cuando hace impacto sobre nuestras puertas clausuradas
                                    con arcilla.
Los ángeles ocupan sus antiguos puestos.
¡Ni una sola piedra mueven, ni baten un ala!
Eres tú y tu extraño rostro,
el que no percibe al multiesplendoroso ser.

"La experiencia al principio es tentadora e ilusionante. Se percibe el rumor de un mundo nuevo y el espíritu ansía emprender el viaje sobre mares desconocidos. El mundo familiar debe dejarse atrás. Comienza la gran aventura religiosa. . . "

"En alguna parte existe una certidumbre. Un universo en desarrollo puede proporcionar un abierto porvenir, pero quien afirme que el universo está en desarrollo, afirmará un hecho inalterable acerca de su propia estructura, cuya realidad es la eterna garantía de la posibilidad y de la validez del experimento..."

"El hombre es un puente. Aun el superhombre, cuando nos demos cuenta que es sólo el símbolo de un arduo ideal, resultara ser también un puente. Nuestra única seguridad reside en que las puertas del futuro están siempre abiertas."

Posiblemente el problema consiste en que los portales del porvenir se abren sobre un mundo inmaterial y un reino intangible, metafísico Y supersensorio. Hemos agotado completamente los recursos del mundo material, pero no hemos aprendido aún a actuar en el mundo inmaterial, llegando a veces hasta negar su existencia. Encaramos la inevitable experiencia que llamamos muerte, sin embargo, no damos los pasos racionales para determinar si realmente existe una vida más allá. Los progresos de la evolución han producido una raza maravillosa, dotada de un mecanismo sensorio de respuesta y de una mente razonadora. Poseemos los rudimentos de un sentido denominado intuición, y así equipados permanecemos ante las puertas del porvenir y formulamos la pregunta: ¿A qué dedicaremos este mecanismo complejo que llamamos ser humano? ¿Hemos llegado a nuestro pleno desarrollo? ¿Existen aspectos de la vida que escaparon hasta ahora a nuestra atención, debido a que tenemos poderes latentes y capacidades que aún no comprendemos? ¿Es posible que estemos ciegos a un vasto mundo de vida y belleza, con leyes y fenómenos propios? Los místicos, los videntes y los pensadores de todas las épocas y de ambos hemisferios, han afirmado que tal mundo existe.

Con su equipo, que podríamos llamar personalidad, el hombre tiene un pasado, un presente caótico y un porvenir imposible de vislumbrar. No puede permanecer estático; debe avanzar. Vastas organizaciones pedagógicas, filosóficas, científicas y religiosas, se esfuerzan al máximo para indicar el camino a seguir y ofrecer una solución a su problema.

Lo estático y cristalizado se desmorona con el tiempo, y donde cesa el crecimiento se producen anormalidades y retrocesos. Alguien ha dicho que debemos evitar el peligro de la "personalidad desintegrada". Si la humanidad no constituye una potencialidad, si el hombre ha llegado al cenit y no puede ir más allá, deberá reconocerlo y procurar, en lo posible, que su decadencia y caída sean fáciles y hermosas. Resulta alentador observar que ya en 1850 llegaron a percibirse vagamente los difusos contornos del portal que da entrada a una nueva era, y los pensadores de esa época demostraron gran preocupación por que el hombre aprendiera la lección y siguiera adelante. Las palabras de Carlyle[8] citadas en el libro de L. P. Jacks, describen apropiadamente la época actual:

"Hasta los tontos se detienen a preguntar qué significa la época que estamos pasando; pocas generaciones han tenido días tan impresionantes. Días de interminables calamidades, derrumbes, desorganizaciones, dislocamientos y confusiones cada vez peores... Necesitamos algo más que una esperanza, pues la rutina... es universal. Debe haber un nuevo mundo si queremos que exista el mundo. Es muy remota la esperanza de que los seres humanos de Europa vuelvan a la antigua y penosa rutina, para seguir adelante constante y firmemente. Estos días de mortandad universal deberán ser de renacimiento universal, para que la ruina no sea total ni definitiva. Ha llegado el momento de que el más torpe se preocupe por saber de dónde viene y hacia dónde va."

Mirando retrospectivamente, los setenta y tantos años transcurridos desde que Carlyle escribió dichas palabras, nos consta que el género humano ha ido adelante. Se inauguró la era de la electricidad y todos conocemos los maravillosos descubrimientos de la ciencia de nuestra época. Por lo tanto en momentos de nuevas crisis, podemos seguir adelante con optimismo y verdadero valor, pues los portales de la nueva era se perciben con mayor claridad que antes. Quizás sea verdad que el hombre recién está llegando a su mayoría de edad, y en vísperas de entrar en posesión de su herencia descubra dentro de sí mismo poderes, aptitudes, facultades y tendencias que garantizan una madurez útil, vital y una vida eterna. Estamos finalizando la etapa en que dimos gran importancia al mecanismo y al conjunto de células que constituyen el cuerpo y el cerebro, con su reacción automática al placer, dolor y pensamiento. Sabemos mucho acerca del Hombre, la máquina. Hemos contraído una gran deuda con la escuela mecanicista de sicología, por sus descubrimientos sobre el mecanismo por el cual el ser humano se pone en contacto con su medio ambiente. Pero existen *hombres* entre nosotros que no son meras máquinas, lo que nos concede el derecho de medir nuestras máximas aptitudes y grandeza en potencia, comparándolas con lo que han realizado los más grandes hombres, los cuales no son "rarezas" del capricho divino ni de los ciegos impulsos evolutivos, sino la garantía de la realización final del conjunto.

Irving Babbit[9] hace observar en su libro que hay algo en la naturaleza del hombre "que lo diferencia, simplemente como hombre, de otros animales", y a ese algo lo define Cicerón como "sentido del orden, del decoro y de la mesura en los hechos y las palabras". Babbit[10] añade (y esto es algo digno de observarse) que "el mundo será mejor si un mayor número de personas estuvieran seguros de que son humanos, antes de tratar de ser superhumanos". Probablemente existe una etapa intermedia donde actuamos como hombres, mantenemos relaciones humanas y desempeñamos nuestras debidas obligaciones, cumpliendo de esta manera nuestro temporal destino. Aquí surge el interrogante de si tal etapa sería generalmente posible, teniendo en cuenta que en la actualidad existen millones de analfabetos en nuestro planeta.

Pero a la par de esta tendencia a lograr una humanidad pura, y apartarse de la regimentación del ente humano, surge un grupo denominado místico, que nos da testimonio de la existencia de otro mundo de experiencias y de contactos y fe de realizaciones personales, manifestaciones y satisfacciones fenoménicas, desconocidas por el hombre común. El Dr. Bennet[11] dice: "los mismos místicos describen lo que han obtenido, como visión, del significado del Universo y de que todas las cosas están unidas. Ellos Han descubierto la clave". Los místicos han aparecido en el transcurso de las épocas y al unísono han proclamado: Existe otro reino de la naturaleza con sus propias leyes, fenómenos y relaciones íntimas. Es el reino del espíritu. Lo hemos descubierto y todos pueden comprobar su naturaleza. Estos testigos forman dos grupos; uno, de buscadores puramente místicos y emotivos, quienes al percibir la visión caen en un rapto de iluminación ante la belleza presentida; el otro, de conocedores, que añaden al rapto emotivo la realización intelectual (orientación de la mente), permitiéndoles hacer algo más que presentir y gozar. Comprenden, conocen y se han identificado con ese nuevo mundo del ser al que aspira el místico puro. La línea demarcatoria, entre los conocedores de las cosas divinas y quienes perciban la visión, es muy tenue.

No obstante, entre ambos grupos existe una tierra de nadie donde tiene lugar una gran transición. Se establece un intervalo entre la experiencia y el desarrollo, donde el místico visionario se trasforma en conocedor práctico. Existen también un proceso y técnica a los que el místico se somete a fin de coordinar y desarrollar en él un nuevo y sutil mecanismo, por el cual ya no *percibe* la visión de la realidad divina, sino que sabe que él es esa realidad. La técnica de la meditación tiene que ver con el proceso de transición y con la tarea de educar al místico. Este libro se ocupa de esa técnica.

El problema de conducir al hombre a tomar posesión de su herencia, como ser humano, es función de los educadores y de los sicólogos y deberán conducirlo al portal del mundo místico. Por paradójico que parezca, la misión de ponerlo en posesión de su herencia espiritual corresponde a la religión y a la ciencia. El Dr. Pupin[12] dice: "la ciencia y la religión se complementan mutuamente y son los dos pilares del portal que el alma humana atraviesa para penetrar en el mundo donde reside la divinidad".

Debemos dar a la palabra "espiritual" un significado más amplio. No me refiero a las verdades religiosas, pues las exposiciones de los teólogos y de los eclesiásticos de las grandes organizaciones religiosas, orientales y occidentales, pueden ser o no verdaderas. Empleamos la palabra "espiritual" para significar el mundo de luz y belleza, de orden y propósito, mencionado en las Escrituras, objeto de detenida investigación por parte de los científicos, y en el cual han penetrado los precursores de la familia humana y han regresado de él para relatarnos sus experiencias. Consideremos espirituales todas las manifestaciones de la vida, y así ampliaremos lo que comúnmente entendemos por esta palabra, a fin de significar las energías y potencias subyacentes en todas las formas de la naturaleza, que otorgan a cada una su esencial característica y cualidad distintivas. Durante miles de años, en todo el planeta, los místicos y conocedores dieron testimonio de experiencias en mundos más sutiles, donde tuvieron contacto con fuerzas y fenómenos que no pertenecen a este mundo físico. Hablan de haber encontrado huestes angélicas; hacen referencia a la gran nube de testigos; se comunican con los hermanos mayores de la raza que trabajan en otras dimensiones, y manifiestan poderes acerca de los cuales el ser humano común nada sabe; hablan de una luz y una gloria, de un conocimiento directo de la verdad y de un mundo fenoménico, idéntico al de los místicos de todas las razas. Quizá sea verdad que gran parte de estos testimonios puedan ser considerados como alucinaciones; también puede ser verdad que muchos de los santos de la antigüedad fueron casos sicopáticos y neuróticos, pero queda un resto de testimonios y un número suficiente de testigos intachables que lo corroboran y nos obligan a creerlo. Estos testigos de los mundos invisibles hablaron con palabras categóricas y dieron mensajes que moldearon las ideas de los hombres y dirigieron la vida de millones de seres. Afirmaron que existía una ciencia del conocimiento espiritual y una técnica de desarrollo, mediante las cuales los hombres podrían alcanzar la experiencia mística y así conocer a Dios.

Ésta es la ciencia que vamos a estudiar en este libro y la técnica que trataremos de desarrollar. Concierne al correcto empleo de la mente, por el cual el mundo de las almas se revela a sí mismo y se descubre y abre la puerta secreta que conduce de la oscuridad a la luz, de la muerte a la inmortalidad y de lo irreal a lo real.

La solución definitiva de nuestro problema mundial depende de que alcancemos este conocimiento –conocimiento que no es ni oriental ni occidental, pertenece a ambos. Cuando nos hayamos unido con Oriente, fusionando los mejores pensamientos de Oriente y Occidente, tendremos una enseñanza sintética y equilibrada que liberará a las futuras generaciones, debiendo empezar en el campo de la educación y con la juventud.

En Occidente la conciencia se ha enfocado en los aspectos materiales de la vida y todo nuestro poder mental se ha concentrado en el control y utilización de las cosas materiales, en el perfeccionamiento de las comodidades físicas y en la adquisición y acumulación de posesiones. En Oriente, donde las realidades espirituales se mantienen en forma más uniforme, el poder mental se ha empleado en la concentración y la meditación y en profundos estudios filosóficos y metafísicos; pero las masas, incapaces de estas actividades, se hallan en condiciones notoria y peculiarmente terribles, desde el punto de vista de la vida física. Mediante la fusión del progreso de ambas civilizaciones (llevado ahora con creciente rapidez) se está obteniendo un equilibrio, gracias al cual toda la humanidad será capaz de manifestar su plena potencia. Oriente y Occidente irán aprendiendo gradualmente a compartir, en beneficio mutuo. La tarea en este campo es una de las cosas fundamentales y necesarias del actual ciclo.

Notas:

1. The Art of Creation, pág. 7.
2. Tite Enduring Quest, pág. 271.
3. El Secreto de la Flor de Oro.
4. Self, Its Body and Freedom, pág. 75.
5. El Secreto de la Flor de Oro.
6. Instinet and Intuition, pág. 85.
7. A Philosophical Study of Mysticism, pág. 23, 117, 130.
8. Religious perplexities, pág. 46
9. Humanísm: An Essay at Definition.
10. Ídem.
11. A Philosophical Study Of Mysticism, Pág. 81

12.   The New Reformation, pág. 217.

CAPÍTULO SEGUNDO

EL PROPÓSITO DE LA EDUCACIÓN

"... la educación está sufriendo importantes transformaciones. Desde el proceso relativamente externo de inculcar hechos, se está convirtiendo en un creciente proceso de evocar las posibilidades generadoras más profundas que residen en el individuo."

H. A. Overstreet

UNO de los muchos factores que han traído a la humanidad a su actual etapa de desarrollo, es el desenvolvimiento y perfeccionamiento de los métodos y sistemas educativos. En su comienzo estaban en manos de las religiones organizadas, pero en la actualidad prácticamente están en manos del Estado y fuera del control de los grupos religiosos. En el pasado la educación ha estado en gran parte matizada por la teología, y los métodos eran dictados por los eclesiásticos y los sacerdotes. En la actualidad el vasto grupo de maestros es entrenado por el Estado; no existen prejuicios religiosos debido a los numerosos y diferenciados grupos religiosos, y la tendencia de la enseñanza es casi totalmente materialista y científica. Antiguamente, tanto en Oriente como en Occidente, se educaba sólo a los miembros más altamente evolucionados de la familia humana. Hoy tenemos la educación masiva. Al tratar la comprensión del futuro y (según creemos) la educación superior, deben tenerse en cuenta estos dos hechos, porque encontraremos el camino de salida en la síntesis de dos métodos: la educación individual y masiva, la religiosa y la científica.

Análogamente, como todo lo demás en este período de transición, nuestros sistemas pedagógicos se encuentran en estado de fluidez y cambio. Hay un sentimiento general de que se ha realizado bastante para elevar el nivel de la mente humana, conjuntamente con una profunda corriente de disconformidad por los resultados. Cabe preguntarse si nuestros sistemas pedagógicos están logrando el máximo bien posible. Valoramos el enorme avance hecho durante los últimos doscientos años, no obstante nos preguntamos si después de todo obtenemos el máximo beneficio de la vida, posible para un pueblo que tiene un sistema adecuado de educación. Nos sentimos íntimamente satisfechos de la extensión de nuestros conocimientos, de la masa de datos acumulados, de nuestro control sobre las fuerzas de la naturaleza; a pesar de todo seguirnos debatiendo la cuestión de si hemos introducido una verdadera cultura. Enseñamos a nuestros niños a aprender de memoria una enorme colección de hechos y asimilar una vasta variedad de detalles extensamente diversificados y, sin embargo, a veces dudamos de si les enseñamos a vivir más satisfactoriamente. Gastamos miles de millones de dinero para construir y subvencionar Universidades e Institutos y, no obstante, los educadores de más amplia visión se preocupan seriamente de si la educación organizada satisface realmente las necesidades del ciudadano común. Ciertamente parece que fracasaran en su misión de educar al niño que sale de lo común y al hombre o mujer dotados. De acuerdo a nuestro entrenamiento, la juventud parece hallarse ante el tribunal que ha de juzgarla. Sólo el porvenir dirá si se hallará algún camino de salida por el cual la cultura del individuo pueda marchar paralelamente a la civilización de las masas mediante la educación.

En una era de realización científica y de pensamiento sintético, en todas las esferas del conocimiento humano, uno de nuestros educadores, el Dr. Rufus M. Jones[1] dice:

"Pero ninguna de estas realizaciones nos hace mejores. No existe equivalencia entre la cuenta corriente bancaria y la bondad del corazón. Conocimiento no es en manera alguna sinónimo de sabiduría o de nobleza de espíritu... En el mundo nunca se vio un ejército tan numeroso de educadores trabajando para la juventud del país, ni hubo en toda la historia del mundo presupuestos tan generosos para la educación, tanto primaria como secundaria. El resultado total, sin embargo, es descorazonador, y falla por su base. Nuestras instituciones de enseñanza producen algunos buenos escolares y proporcionan una masa de hechos científicos a un gran número de estudiantes, pero es un lamentable fracaso como función principal de la educación, que es, o debería ser, la formación del carácter, la cultura del espíritu y el desenvolvimiento del alma."

En Asia y Europa antiguas, se entrenó y cultivó al individuo hasta el siglo XVIII. Se entrenó intensivamente a las clases llamadas altas, y a quien manifestaba marcadas aptitudes para la cultura espiritual. Bajo el sistema brahmánico de Oriente y en los monasterios de Occidente, se dio una cultura especializada a quienes podían beneficiarse con ella, y así surgieron los destacados individuos que hasta la fecha han dejado su impronta en el pensamiento humano. El mundo occidental ha sustituido esto por la educación masiva. Por primera vez se enseña a miles de hombres a utilizar sus mentes, empiezan a afirmar sus propias individualidades y a formular sus propias ideas. La libertad del pensamiento humano, su liberación de todo control teológico, religioso o científico, son el grito de guerra del presente, y mucho se ha logrado. Las masas empiezan a pensar por sí mismas, pero es mayormente un pensar masivo, y la incierta opinión pública moldea ahora el pensamiento como lo hacían antes las teologías. El individuo precursor enfrenta muchas dificultades para hacer sentir su influencia en el actual mundo del pensamiento y del esfuerzo, como sucedía antiguamente.

Quizá, con el girar de la gran rueda de la vida tengamos que volver a los antiguos métodos de dar entrenamiento especializado a un determinado individuo, lo cual no significará el abandono del sistema educativo masivo. De esta manera se unificarán definitivamente los métodos del pasado y de Oriente, con los del presente y de Occidente.

Antes de considerar ambos métodos, intentaremos definir la educación, determinar su meta y así aclarar nuestras ideas respecto a los objetivos hacia los cuales deben dirigirse todos nuestros esfuerzos.

Esto no es fácil. Si consideramos su aspecto menos interesante, podría definirse a la educación como el acto de impartir conocimientos a un alumno, que generalmente no está dispuesto, y recibe un conjunto de informaciones que no le interesan en lo más mínimo. Emite una nota árida y vacía, se ocupa principalmente de entrenar la memoria, hace conocer los denominados hechos concretos, e impartir al estudiante algún conocimiento sobre un vasto número de temas, sin relación entre sí. Sin embargo, literalmente, la palabra *educación* significa "guiar fuera de" o "extraer", lo cual es muy instructivo. La idea latente en este concepto es que deberíamos extraer de los instintos y de las potencialidades inherentes al niño, a fin de guiarlo de un estado de conciencia a otro más amplio. De esta manera se guiará por ejemplo a los niños que simplemente son conscientes de que están vivos, hacia un estado de autoconciencia; se los hará conscientes de sí mismos y de sus relaciones grupales; se les enseñará a desarrollar los poderes y facultades, especialmente por medio del entrenamiento vocacional, para llegar a ser económicamente independientes, y miembros de la sociedad, que se bastan a sí mismos. Se les explota su instinto de autoconservación, a fin de conducirlos por el camino del conocimiento. Podría decirse, ¿se empieza a utilizar su mecanismo instintivo para conducirlos hacia el camino del intelecto? Quizá sea así, pero dudo que habiéndolos conducido hasta aquí, se lleve a cabo la buena obra y se les enseñe el verdadero significado de la intelección, como entrenamiento para desarrollar la intuición. Se les enseña a utilizar su instinto e intelecto, como parte del mecanismo de autoconservación en el mundo externo de las actividades humanas, pero el empleo de la razón pura y el eventual control de la mente por la intuición, durante el trabajo de autopreservación y de continuidad de la conciencia en los mundos subjetivos y reales, es aún conocimiento privilegiado de unos pocos precursores.

Si el Prof. H. Wildon Carr [2] está en lo cierto al definir la intuición como "la captación por la mente, de la realidad directamente tal cual es, no bajo la forma de una percepción o concepto, ni como una idea u objeto de la razón, todo lo cual, por contraste, es captación intelectual."

Clasificamos la ciencia de la mente, o "las modificaciones del principio pensante" según el indú lo llama, como estrictamente humanas, relegando las reacciones instintivas del hombre al grupo de cualidades que posee en común con los animales. Quizá sea posible que la ciencia de la intuición, el arte de la clara visión sintética, pueda algún día ser para el intelecto lo que éste es para la facultad instintiva.

El Dr. G. B. Dibblee,[3] hace interesantes comentarios sobre el instinto y la intuición, que tienen cabida aquí debido a que abogamos por el reconocimiento de una técnica educativa que conduzca al desarrollo de la facultad de la percepción superior, dice:"

... tanto el instinto como la intuición, comienzan dentro de las partes extraconscientes de nosotros mismos, hablando concretamente, y en forma análoga surgen inesperadamente a la luz de la conciencia cotidiana... Los impulsos del instinto y de la intuición se engendran en total secreto. Cuando aparecen son necesariamente casi completos y su advenimiento a nuestra conciencia es repentino".

En otro lugar añade que la intuición se encuentra más allá de la razón y el instinto. Tenemos, por lo tanto, esta interesante triplicidad: instinto, intelecto e intuición; con el instinto bajo el umbral de la conciencia, por así decirlo, el intelecto ocupa el primer lugar en el reconocimiento del hombre como humano, y la intuición, más allá de ambos, ocasionalmente hace sentir su presencia en las súbitas iluminaciones y captaciones de la verdad, el don de nuestros más grandes pensadores.

Ciertamente hay algo más en el proceso educativo que la mera capacitación del hombre para enfrentar los hechos externos y su medio ambiente arbitrario. La humanidad debe ser conducida a un porvenir más amplio y a una realización más profunda de la vida. Debe estar equipada para resolver y manejar todo lo que se le presenta, a fin de obtener resultados mejores y más elevados. Los poderes del hombre deben ser extendidos hasta su máxima expresión constructiva. No debería fijarse límite alguno de realización, pues tal adquisición los hará complacientes, autosatisfechos y, por lo tanto, estáticos. Deben ser siempre guiados de los estados inferiores a los superiores de comprensión, de manera que la facultad de percepción debe expandirse constantemente. Expansión y crecimiento son ley de la vida, y aunque la masa humana debe ser elevada por un sistema de educación adaptado para proporcionar el máximo bien al mayor número, hay que entregar al individuo su plena herencia y proporcionarle una cultura especial que fomente y fortalezca a los más aptos y mejores entre nosotros, porque en su realización reside la promesa de la nueva era. Los ineptos de mentalidad retrasada, deben tener también su entrenamiento especial, a fin de poder alcanzar la norma elevada que, establezcan los educadores. Pero es de mayor importancia que ningún individuo con aptitudes y facultades especiales, quede detenido al nivel de uniformidad de las clases cultas.

Precisamente aquí es donde se presenta la dificultad de definir la educación, y surge la duda sobre cuál serán los verdaderos objetivos y la real meta. El Dr. Randall[4] expresa esto mismo en un artículo sobre educación y religión, en el cual dice:

"Recomendaría que la educación se definiera como un posible ejercicio de meditación personal. Que cada uno se pregunte a sí mismo qué entiende por educación; si discurre profundamente sobre la cuestión descubrirá que para contestarla debe penetrar hasta el significado más profundo de la vida misma. Pensar seriamente sobre el significado de la educación obliga a encarar las cuestiones fundamentales de la vida como nunca se hizo... ¿Es el conocimiento la finalidad de la educación? Ciertamente sí; ¿pero conocimiento de qué? ¿Su finalidad es el poder? Nuevamente, sí; pero poder, ¿con qué fin? ¿Su finalidad es el ajuste social? La era moderna contesta enfáticamente, sí; pero ¿qué clase de ajuste debe ser y qué ideales lo han de determinar? La educación no persigue el mero conocimiento o el mero poder de cualquier tipo, sino el conocimiento y el poder aplicados a usos correctos. Esto lo reconoce la mente pedagógica más progresiva, aunque no la opinión popular del momento..."

"La nueva educación tiene como gran finalidad, el entrenamiento y desarrollo del individuo con fines sociales, es decir, para el máximo servicio del hombre..."

"Comúnmente clasificamos la educación bajo tres subdivisiones: primaria, secundaria y superior. A éstas debe agregarse otra, una cuarta, más elevada, la religión, que también es educación:"

Es interesante observar que las mismas ideas fueron expresadas por Bhagavan Das,[5] en la Primera Conferencia Asiática de Educación, dijo:

"Las reglas de la religión, es decir, de la ciencia superior, nos permiten... cumplir más ampliamente con todas estas deudas y deberes. Se ha descrito a la religión como el mandamiento o revelación de Dios. Esto en otras palabras significa sólo las leyes de la naturaleza de Dios, según lo revelan las tareas intelectual, intuitiva e inspirada, de los videntes y científicos de todas las religiones y naciones... Hemos oído hablar de lectura, escritura y aritmética, y de otra ciencia, la genuina religión, mucho más importante que todas... Pero primero hay que descubrirla y pensarlo cuidadosamente. Corresponde a todos los educadores sinceros ayudar en esta tarea, aplicando los métodos científicos de determinar coincidencias en medio de diferencias".

En Oriente y Occidente se tiene la impresión de que un sistema educativo que no aparta al hombre del mundo de los asuntos humanos y no lo lleva a una conciencia más amplia de las cosas espirituales, fracasa en su misión y no está a la altura de las elevadísimas exigencias del alma humana. Un método que se limite a cultivar el intelecto y prescinda de la facultad de intuir la verdad, evidenciada por las mejores mentalidades, carece de muchas cosas. Al dejar a los estudiantes con mentes cerradas y estáticas, quedan sin los elementos que los ponen en contacto con el intangible y sutil "cuatro quintos de la vida", que el Dr. Wiggam [6] se refiere, donde dice, "que están enteramente fuera del entrenamiento científico". Es necesario abrir la puerta a quienes puedan ir mas allá del entrenamiento académico de la mente, en relación con la vida en el plano físico.

El éxito del porvenir de la raza está ligado al éxito de esos individuos que tienen la capacidad de lograr cosas más grandes porque son más espirituales. Estos individuos de la familia humana deben ser descubiertos y alentados para que sigan adelante y penetren en el reino de lo intangible. Deben cultivarse y entrenarse y dárseles una educación que se adapte a lo más elevado y mejor que haya en ellos. Tal educación requiere una percepción apropiada del estado y desarrollo individual, y una exacta comprensión del paso inmediato que en cada caso debe darse; exige percepción, simpatía y comprensión, de parte del instructor.

Los educadores comprenden la necesidad de elevar cada vez más los avanzados procedimientos pedagógicos y también los que están bajo su influencia, sacándolos del nivel de la mente crítica, puramente analítica y llevándolos al nivel de la razón pura y de la percepción intuitiva. Bertrand Russell dice, "la educación no debería tender a lograr una percepción pasiva de hechos muertos, sino una actividad dirigida hacia ese mundo que nuestros esfuerzos deben crear." Debemos recordar que toda creación supone un creador animado y activo, que actúa intencionalmente y utiliza la imaginación creadora. ¿No podría ser éste el resultado de nuestros sistemas educativos modernos? ¿No está acaso la mente regimentada y restringida por nuestro sistema de educación masivo y el método de recargar la memoria con hechos mal asimilados? Si Herbart está en lo cierto cuando dice que "el principal deber de la educación es la revelación ética del universo", probablemente tiene también razón el Dr. Moran cuando expone que "una de las causas subyacentes, quizás la principal en nuestra era materialista, es la falta del elemento espiritual en nuestra educación formal."

Algunos consideran que existe una meta aún más amplia que la revelación ética y que posiblemente la humanidad sea el custodio de una iluminación y gloria, que se comprenderá en su plenitud únicamente cuando las masas logren algo de la magnificencia que ha caracterizado a los Personajes mundiales del pasado. ¿No está de acuerdo con el desarrollo evolutivo, la idea de que la finalidad verdadera de la educación es llevar *a la humanidad, desde el cuarto reino o humano, a la esfera espiritual*, donde los precursores que llamamos místicos, y los Personajes que fijan las normas de la raza, viven, se mueven y tienen su ser? De esta manera el género humano será elevado desde el mundo material objetivo hasta la región del espíritu, donde residen los verdaderos valores y se establece contacto con ese yo superior que puede ser revelado por los yoes individuales que sólo existen para ello.

Keyserling,[7] sugiere esto mismo en las siguientes palabras:

Somos conscientes de los límites de la razón humana; entendemos la significación de nuestras luchas; somos los amos de la naturaleza. Podemos pasar por alto simultáneamente el mundo interno y el externo. Debido a que podemos determinar científicamente cuáles son nuestras verdaderas intenciones, no tenemos por qué ser víctimas del propio engaño... En adelante esta Posibilidad debe convertirse en el móvil *consciente* de la vida. Hasta ahora no ha desempeñado esa parte. Sin embargo, esto es precisamente lo más importante, porque el centro de la conciencia determina el punto de partida del hombre. Dondequiera que cambie el énfasis dentro de sí mismo, allí precisamente queda; el entero Ser del hombre se reorganiza de acuerdo con él; por consiguiente, una vida basada en el conocimiento, necesita una educación que lleve a la síntesis de la comprensión y de la acción.

Toda la educación en Oriente va dirigida estrictamente hacia la comprensión sensoria..., única manera de probar que conduce a elevar el nivel del Ser esencial... *Lo esencial no es información sino comprensión*, y la comprensión puede alcanzarse únicamente mediante la aplicación creadora personal... Percepción sensoria siempre quiere decir *dar significado a una cosa*; la dimensión de la significación se dirige de adentro hacia afuera. Por lo tanto conocimiento (en el sentido de información) y comprensión, tienen en realidad la misma relación entre sí que la naturaleza y el espíritu. La información se obtiene de afuera adentro; la comprensión es un proceso creador en dirección opuesta. Bajo estas circunstancias no hay una vía directa que conduzca de una meta a otra. Se puede saber todo sin comprender nada, y esto es precisamente a lo que nuestra educación, que tiende a la acumulación de información, ha llevado a la mayoría".

Este libro presenta un método por el cual puede desarrollarse la capacidad de actuar con una más amplia conciencia, y el hombre reorganizar su ser para lograr cosas mayores. Se ocupa de esa técnica mediante la cual cada unidad individual, que anhela alcanzar esta meta más amplia, puede recibir un especializado entrenamiento y autocultura. Si esa aspiración adquiere una forma racional y clara en su mente, considerándola como un objetivo perfectamente legítimo, capaz de lograr éxito, ansiosamente lo emprenderá. Si la sociedad proporcionara los medios y la oportunidad para tal progreso, muchos buscarían gustosos el camino. El método propuesto es una técnica individual que permitirá al estudiante, que haya sacado provecho de las ventajas comunes de la educación académica y de las experiencias de la vida, expandir su conciencia hasta trascender gradualmente sus actuales limitaciones y reorientar su mente hacia más amplios conocimientos. Descubrirá que el alma es la gran realidad, obteniendo así experiencia directa sobre cosas espirituales.

Everett Dean Martin[8] define la educación como "la revalorización espiritual de la vida humana. Su tarea es *reorientar* al individuo, permitirle alcanzar una visión más significativa y valiosa de sus experiencias y ubicarlo sobre y no dentro del sistema de sus creencias e ideales". Esta definición abre necesariamente la puerta a la controversia, porque vivimos en un medio ambiente distinto; cada uno tiene sus problemas y características especiales, basados en la herencia, condición física y muchos otros factores. La consiguiente norma de valores debe ser modificada para cada persona, cada generación, país y raza. La educación está destinada a prepararnos para un "vivir pleno" (como dice Herbert Spencer), lo cual podrá ser verdad, pero difiere el alcance y capacidad de cada hombre. El nivel inferior y el superior que puede alcanzar el hombre, varía al infinito, y quien está dotado para actuar en una esfera particular puede resultar ridículamente inadecuado en otra. Por lo tanto para "vivir plenamente" tendrían que desarrollarse algunas normas si se quiere que tal definición sea de utilidad. Para hacerlo debemos determinar el tipo puro del hombre integro y perfecto y la suma total de su límite de contactos. No es probable haber agotado todas las posibilidades del mecanismo de respuesta del hombre ni del medio ambiente en el cual esto puede ponerlo en contacto. ¿Dentro de qué límites el hombre puede actuar? Si hay estados de percepción que abarcan desde el hotentote hasta nuestros intelectuales, y hasta los genios y líderes en todos los campos de la expresión humana, ¿cuál es la diferencia entre ellos? ¿Por qué esos campos de percepción son tan ampliamente diversos? Desenvolvimiento racial, responden unos; estabilidad o inestabilidad glandular, dirán otros; posesión o carencia de facilidades educativas adecuadas, diferencias de medio ambiente y de herencia, dirán también otros grupos de pensadores.

Pero del cúmulo de opiniones surge el hecho básico del amplio alcance de los estados de percepción humanos y la maravillosa comprobación de que la humanidad ha dado origen a un asombroso conocimiento comprensivo de pureza de expresión y de perfecta influencia mundial, evidenciada por Cristo, Buda, Platón y muchos otros, cuyos pensamientos y palabras dejaron su impronta en las mentes de los hombres durante miles de años. ¿Por qué son lo que son? ¿Son milagros que surgieron del corazón del Infinito, por eso nadie podrá igualarlos? ¿Son producto del proceso evolutivo y llegaron a ser poderosos por la vasta experiencia y desenvolvimiento? ¿O son la flor de la raza humana que agregaron a sus facultades y entrenamiento una cultura especializada que les permitió entrar en un mundo espiritual herméticamente cerrado para la mayoría, y actuar en una dimensión de la cual nuestros más avanzados pensadores nada saben? Nuestros sistemas educativos actuales, ¿llevaron a toda la humanidad a una condición, donde millares están preparados para esta cultura especializada y, enfrentando una crisis en el campo de la educación, cimentada en un éxito que, si se lleva a cabo en línea análoga, será en detrimento en vez de ayuda, porque el hombre está preparado para algo nuevo? Muchos creemos que esto es posible y que ha llegado el momento de que los educadores empiecen a preparar a los hombres para la nueva y divina experiencia y para el maravilloso experimento que los pondrá en posesión de sí mismos, algo que hasta ahora ha sido exclusiva prerrogativa de los místicos y conocedores de la raza. Estos conocedores ofrecen el testimonio de un mundo más amplio que el revelado por el mecanismo de los nervios y el investigado por el químico, el físico, el biólogo y el antropólogo; hablan en términos precisos de una esfera de contactos y de percepción donde son inútiles los sentidos físicos; afirman que han vivido y actuado en estas regiones sutiles, y la perseverancia demostrada en la búsqueda mística de la realidad y la similitud de su testimonio en el trascurso de las edades, inclinan a creer en la posibilidad de ese mundo intangible y de un mecanismo de respuesta, por el cual se pueda establecer el contacto con tal mundo. Las filas de estos ilusos místicos y pensadores intuitivos, cuentan cientos de miles de las mejores mentes de la raza. Repetiremos las palabras de Walt Whitman,[9] "Yo y los de mi clase no convencernos con argumentos; convencernos con nuestra presencia."

La educación se ha caracterizado también por una "venturosa búsqueda del significado de la vida, que implica la capacidad de reflexionar cabalmente". No sé quién lo dijo, pero me parece una descripción excelente del método del místico y de la técnica de la meditación, por la cual el místico se trasforma en conocedor plenamente consciente. No obstante, por mucho que uno trate de explicarlo, tenernos el hecho de que el hombre ha ido investigando a través de las edades y que su búsqueda lo lleva a mayores profundidades que las exteriorizaciones concretas del mundo en que vive. El Dr. Overstreet[10] lo destaca con palabras que llevan el verdadero mensaje místico, diciendo:

"Somos, por lo general, criaturas que vemos 'cosas'. Vemos lo que vemos y comúnmente no vemos más allá. Experimentar el mundo meramente como un mundo de cosas, es sin duda dejar de ver algo significativo. La experiencia de las cosas es indudablemente buena hasta cierto punto. Permite movernos en nuestro mundo y manipular los factores de la vida con algún éxito. . . Sin embargo, es posible obtener una 'percepción' distinta de nuestro mundo si somos capaces de desarrollar otro hábito mental. Éste es, en pocas palabras, el hábito de ver lo invisible en la realidad visible, de penetrar superficies, de ver a través de las cosas su fuente de origen".

Los hombres, quizás ahora, estén preparados para penetrar bajo la superficie y llevar su búsqueda dentro de la forma externa de la naturaleza, hasta alcanzar su causa misma. Quizá tendamos demasiado a confundir el espíritu religioso con la búsqueda mística. Todo pensamiento claro acerca de la vida y de las grandes leyes de la naturaleza, si se lleva adelante con persistencia y firmeza, conduce finalmente al mundo místico, y esto lo empiezan a comprender los científicos más destacados de nuestra época. La religión empieza con la hipótesis aceptada de lo invisible y de lo místico, pero la ciencia llega al mismo punto, trabajando de lo visible a lo invisible y de lo objetivo a lo subjetivo. Como ya se ha expuesto, por el proceso de investigación y de pasar internamente de una forma a otra, el místico llega finalmente a la gloria del yo develado. Parece ser una verdad indiscutible que todos los senderos conducen a Dios, considerando a Dios como la meta final, lo cual simboliza la búsqueda de la realidad por el hombre. Ya no es un signo de superstición creer en una dimensión más elevada y en otro mundo del Ser. Aún la palabra *sobrenatural* ha llegado a ser profundamente respetable, y posiblemente algún día nuestros sistemas educativos consideren la preparación del individuo para trascender sus limitaciones naturales, como parte legítima de sus asuntos. Es interesante lo que el Dr. C. Lloyd Morgan[11] dijo acerca de la palabra sobrenatural en las conferencias de Gifford de 1923 y en el Prefacio de su libro:

"Acepto que existe un sentido inteligible del cual puede decirse que en la jerarquía ascendente de las etapas de progreso, consideradas como manifestaciones del propósito divino, cada etapa superior es, a su vez, sobrenatural para la precedente. En este sentido la vida es sobrenatural para lo inorgánico; la comprensión reflexiva es sobrenatural para la mera percepción irreflexiva; la actitud religiosa, que acepta el propósito divino, es sobrenatural para la actitud ética en los asuntos sociales. Para quienes alcanzan esta etapa más elevada, según se la considera, la actitud religiosa ofrece el ejemplar supremo de lo sobrenatural. Es lo que distingue al hombre espiritual".

Y añade muy bellamente, en lo que a nuestro tema concierne: "El esfuerzo es hacia una nueva actitud, porque creo que es lo que emerge. De allí que se hable de una nueva 'visión', de un nuevo 'corazón' capaz de sentir una forma de gozo más elevada e intensa".[12]

En su notable obra el Dr. Hocking [13] observa que la educación tiene dos funciones. Ante todo establece el tipo y luego proporciona el desarrollo más allá de dicho tipo. La educación está destinada a que el hombre sea verdaderamente humano, a completar y perfeccionar su naturaleza y revelar y posibilitar las más profundas potencialidades hacia las cuales tiende toda la humanidad. A la evocación de la voluntad de saber y luego de la voluntad de ser, debe seguir un proceso natural de desarrollo. A este respecto el método de la meditación será considerado parte de la técnica de la educación superior, que la nueva era verá desarrollada; se hallará por este medio que el ser humano íntegro puede ser desarrollado algo más y conducido a un nuevo reino de la naturaleza. La meditación es primordialmente un proceso educativo autoiniciado que demanda todos los poderes de la voluntad, basado en las actuales facultades, produciendo finalmente un nuevo tipo, el tipo egoico, con su propio mecanismo interno, conteniendo en sí la simiente de un desenvolvimiento aún mayor.

De algo impuesto desde afuera, el nuevo proceso educativo se convierte en algo que surge desde adentro, y constituye esa disciplina mental autoimpuesta que describimos con las tan mal interpretadas palabras: concentración, meditación y contemplación. De un proceso de entrenamiento de la memoria y el desarrollo de un rápido método para manejar el mecanismo de respuesta que nos pone en contacto con el mundo externo, la técnica educativa se convierte en un sistema de control de la mente, que conduce eventualmente a la percepción interna de un nuevo estado del ser. Tal técnica produce a la larga, una rápida reacción y respuesta a un mundo intangible e invisible, a una nueva serie de conocimientos instintivos que tienen su ubicación en un mecanismo de respuesta más sutil. El tipo egoico, se impone al tipo humano como el humano al animal, y así como el humano es producto del entrenamiento y del instinto masivo y se ha desarrollado extraordinariamente gracias a nuestros sistemas educativos modernos, el tipo egoico es el producto de un nuevo método de entrenamiento mental, impuesto al individuo por su alma y exigido por la urgencia de la búsqueda y por un acto de su voluntad. El alma está siempre latente en la forma humana, pero es atraída a la actividad manifiesta, mediante la practica de la meditación.

Estos dos métodos de completar al ser humano y elevarlo a una regimentación masiva, para producir el surgimiento de un nuevo tipo, el egoico, constituyen la principal diferencia entre los métodos educativos occidental y oriental.

El contraste entre ambos métodos de desarrollo es altamente instructivo. En Oriente se cultiva cuidadosamente al individuo, dejando prácticamente sin educación a las masas. En Occidente tenemos educación masiva, pero el individuo queda por lo general sin cultura específica. Cada uno de estos dos grandes y divergentes sistemas ha producido una civilización, que expresa su genio y manifestaciones peculiares, pero también los marcados y respectivos defectos. Los postulados sobre los cuales dichos sistemas están basados, son ampliamente divergentes y valdría la pena considerarlos, pues en su comprensión y en la unión final de ambos, es posible hallar la solución para la nueva raza de la nueva era.

Primero: El sistema oriental supone que en toda forma humana habita una entidad o ser, llamado yo o alma. Segundo: Este yo utiliza la forma del ser humano como instrumento o medio de expresión y, mediante la suma total de los estados mental y emocional, oportunamente se manifestará, utilizando el cuerpo físico como mecanismo funcionante en el plano físico. Finalmente el control de estos medios de expresión se logra por la Ley de Renacimiento. Mediante el proceso evolutivo (desarrollado a través de muchas vidas en el cuerpo físico), el yo construye gradualmente un instrumento apto para manifestarse, y aprende a dominarlo. Así, el yo o alma, llega a ser verdaderamente creador y autoconsciente, en el sentido más elevado, y también activo en su medio ambiente, manifestando perfectamente su verdadera naturaleza. Con el tiempo alcanza su total liberación de la forma, de la esclavitud de la naturaleza de deseos y del dominio del inte-lecto. Esta emancipación final y la consiguiente trasferencia del centro de la conciencia del reino humano al espiritual, se acelera y nutre mediante una educación especializada, denominada proceso de meditación, que es incorporado a una mente amplia e inteligen-temente cultivada.

El resultado de este entrenamiento intensivo e individual, ha sido en extremo espectacular. El método oriental de origen asiático, es el único que ha hecho surgir a los fundadores de todas las religiones mundiales. Es responsable también de la aparición de las inspiradas Escrituras del mundo, que moldearon los pensamientos de los hombres, y de la venida de todos los Salvadores del mundo: Buda, Zoroastro, Shri Krishna, Cristo y otros. Así Oriente ha traído a la manifestación, como resultado de su técnica particular, a los grandes individuos que emitieron la nota de su era peculiar e impartieron la enseñanza necesaria para el desenvolvimiento de la Idea de Dios en las mentes de los hombres, conduciendo a la humanidad adelante en el sendero de la percepción espiritual. El resultado exotérico de sus vidas puede observarse en las grandes religiones organizadas.

En el entrenamiento de los individuos altamente evolucionados se ha ignorado en toda Asia a las masas y, en consecuencia, el sistema (desde el ángulo del desenvolvimiento racial) deja mucho que desear, siendo uno de sus defectos el desarrollo de las tendencias visionarias imprácticas. El místico con frecuencia es incapaz de amoldarse a su medio ambiente, pues cuando se hace hincapié exclusivamente en el aspecto subjetivo de la vida, se descuida y pasa por alto el bienestar físico del individuo y de la raza. Se deja a las masas debatirse en la ciénaga de la ignorancia, enfermedad y suciedad, de allí que existan las deplorables condiciones que predominan en todo Oriente, al lado de la iluminación espiritual más elevada de unos pocos favorecidos.

En Occidente ocurre todo lo contrario. El aspecto subjetivo está descuidado, considerándoselo como hipotético. Los postulados, sobre los cuales está asentada nuestra cultura son: Primero, existe una entidad llamada ser humano que posee una mente, un conjunto de emociones y un mecanismo de respuesta por el cual se pone en contacto con el medio ambiente. Segundo, según la calidad de su mecanismo y la condición de su mente, más la naturaleza de las circunstancias que lo rodean, así será su carácter Y disposición. La meta del proceso educativo, aplicado global e indiscriminadamente, es que el hombre sea físicamente apto y posea una mente alerta y una memoria educada, reacciones controladas y un carácter que harán de él un valor social y un factor que contribuirá a la administración corporal. La mente es considerada un depósito de hechos captados, y el entrenamiento dado a todo niño tiene por objeto hacer de él un miembro útil de la sociedad, capaz de auto-abastecerse y ser decente. El resultado de estas premisas es contrario a las del oriental. No tenemos una cultura específica que dé Personajes como los proporcionados por Asia, pero hemos desarrollado un sistema de educación en masa y grupos de pensadores, de allí nuestras universidades, institutos y escuelas públicas y privadas, los cuales dejan su marca sobre millares de personas, regimentándolas y entrenándolas para obtener un producto humano poseedor de cierto conocimiento uniforme, con una acumulación estereotipada de hechos y variada información. Esto significa que no existe tan deplorable ignorancia como en Oriente, sino un regular alto nivel de conocimientos generales. Se ha obtenido lo que llamamos civilización, con su riqueza de libros y sus muchas ciencias, que dieron origen a la investigación científica del hombre y, en la cima de la evolución humana, a los grandes Grupos, en contraposición a los grandes Individuos. Este contraste se puede resumir burdamente de la manera siguiente:

Occidente   Oriente

Grupos .... Individuos
Libros .... Biblias
Conocimiento.................. Sabiduría
Civilización Objetiva .... Cultura subjetiva

Desarrollo mecánico	Desarrollo místico
Regimentación	Excepcionalidad
Educación masiva	Entrenamiento especializado
Ciencia	Religión
Entrenamiento de la memoria	Meditación
Investigación	Reflexión

Sin embargo, la causa es básicamente una –el método de educación. Ambos son también fundamentalmente correctos, no obstante necesitan suplementarse y complementarse mutuamente. La educación de las masas en Oriente conducirá a corregir sus problemas del plano físico que exigen solución. Un amplio sistema de educación general que llegue a las masas analfabetas del pueblo asiático es una necesidad apremiante. La cultura del occidental y el injerto en su cuerpo del conocimiento impuesto por una técnica de la cultura del alma, tal como llega de Oriente, elevará y salvará nuestra civilización, que está desmoronándose rápidamente. Oriente necesita del conocimiento y de la información; Occidente de la sabiduría y la técnica de la meditación.

Este sistema científico y cultural, cuando se aplique a nuestros seres humanos altamente educados, producirá ese vinculador grupo de hombres que unificará las realizaciones de ambos hemisferios y unirá los reinos subjetivo y objetivo. Actuarán como precursores de la nueva era cuando los hombres sean prácticos, respecto a los asuntos mundanos, y sus pies estén firmemente asentados en la tierra, pero serán a la vez místicos y videntes, vivirán en el mundo del espíritu y llevarán inspiración e iluminación a la vida cotidiana.

Para obtener estas condiciones y llegar a formar ese gran grupo de místicos prácticos, que finalmente salvarán al mundo, son necesarias dos cosas: mentes entrenadas que tengan como base el conocimiento amplio y general (y esto puede dárnoslo el sistema occidental), además, una percepción espiritual de la divinidad inmanente, el alma, que se alcanzará por el sistema oriental de meditación científica. La mayor necesidad que se ha producido en Occidente se debe a no haber reconocido al alma ni a la facultad de la intuición que, a su vez, lleva a la iluminación. El desaparecido Profesor Luzzatti,[14] Primer Ministro de Italia, en el Prefacio de su valiosa obra pedagógica, dice "En todas partes se observa que el creciente imperio del hombre sobre sí mismo, no va a la par del acrecentamiento del imperio del hombre sobre la naturaleza". Es esencial que nuestro mundo occidental perfeccione sus sistemas educativos a fin de lograr esta conquista del imperio sobre nosotros mismos.

Notas:

1.   The Need for a Spiritual Element, World Unity Magazine. Octubre 1928.
2.   Plilosophy of Change, pág. 21.
3.   Instinct and Intuition, pág. 128.
4.   Educationi and Religion, World Unity, Magazine, octubre 1928.
5.   The Unity of Asiatic Thought, ¡.e., Of All Religions, pág. 12.

CAPÍTULO TERCERO

LA NATURALEZA DEL ALMA

"Dicen los filósofos que el alma tiene dos caras, la superior contempla siempre a Dios, la inferior mira hacia abajo e informa a los sentidos; el rostro superior, cúspide del alma, se halla en la eternidad y nada tiene que ver Con el tiempo: nada sabe del tiempo ni del cuerpo".

Meister Eckhart

DURANTE la explicación de la técnica que, según se afirma, puede convertir al intelectual culto en conocedor intuitivo, es conveniente establecer la hipótesis sobre la cual está basada la ciencia de la meditación. Durante tal proceso deben reconocerse los distintos aspectos (de la naturaleza o de la divinidad, la que se prefiera) de los cuales el hombre es la expresión, sin olvidar la conexión básica que los mantiene unidos como unidad integrada. El hombre es un ser integrado, pero la existencia significa para unos más que para otros. En algunos es puramente animal; en muchos representa la suma total de las experiencias emocionales y sensorias; en otros comprende todo lo anterior, más esa percepción mental que enriquece grandemente y profundiza la vida; en unos pocos (entre ellos la flor de la familia humana), ser significa reconocer la habilidad de registrar contactos universales y subjetivos, lo mismo que individuales y objetivos. Keyserling[1] dice:

"Al hablar del ser de un hombre, en contradicción con su capacidad, significa su alma vital, y al decir que ese Ser es quien decide, significa que todas sus expresiones estén compenetradas de vida individual, que cada expresión irradia personalidad, la cual finalmente es la responsable".

Puede afirmarse aquí, como condición sine qua non, que únicamente las personas reflexivas y responsables, están preparadas para aplicar las reglas e instrucciones que les permitirán hacer la transición y alcanzar la conciencia característica del místico iluminado y de los conocedores intuitivos.

Los hermosos versos del libro del Dr. Winslow Hall,[2] señalan la meta:

En todos los hombres se esconde la Luz. ¡En cuán pocos
se manifiesta, como debiera,
Iluminando desde dentro, nuestra lámpara carnal,
avivando la llama cósmica, en almas traídas desde lejos!
¡Esplendor de Dios, cuán pocos son! Pero, nuestra es la culpa;
porque torpemente, por rutina e iracundia,
sin discernimiento amortiguamos y sofocamos
la chispa divina que brilla en todo niño.
Todo niño es por naturaleza un pedazo de Dios;
si ellos tuvieran libertad, Dios
se desenvolvería en ellos; surgiría
matizándolos y moldeándolos, hasta florecer como flores perfectas
colmados de develada hermosura.

Ésta es la meta del proceso de la meditación —conducir a los hombres a que alcancen la Luz que reside en ellos, para que en esa luz vean la Luz. Esta tarea de revelación está basada en ciertas y precisas teorías sobre la constitución y la naturaleza del ser humano. La evolución y el perfeccionamiento de la facultad mental del hombre, con su agudeza y capacidad para concentrarse, ofrecen a Occidente, en esta época, la oportunidad de poner a prueba dichas teorías. Éste es el momento más apropiado para un experimento inteligente, "la nueva síntesis mente y alma"; dice Keyserling en su libro,[3] "debe originar en la mente, en las alturas de la suprema intelectualidad, para que suceda algo decisivo.

Para hacer esto, debe haber una clara comprensión de tres puntos, sobre los cuales se basa la posición oriental y, si son veraces, le darán validez a todo lo que sustenta el estudiante de la técnica oriental de la meditación, sin olvidar el proverbio chino que dice: "Si los medios correctos son empleados por el hombre incorrecto, los medios correctos actúan incorrectamente". Estas tres premisas son:

Primero: Existe un alma en toda forma humana, que emplea los aspectos inferiores del hombre, simplemente como vehículos de expresión. La finalidad del proceso evolutivo es acrecentar y profundizar el control del alma sobre este instrumento. Cuando se ha logrado tenemos una encarnación divina.

Segundo: Al conjunto de estos aspectos inferiores, una vez desarrollados y coordinados, lo llamamos personalidad. Esta unidad está compuesta de los estados mentales y emocionales del ser, la energía vital, el mecanismo físico de respuesta, y la "máscara" que oculta al alma, aspectos que se desarrollan sucesiva y progresivamente, según la filosofía oriental, y cuando se alcanza un estado relativamente elevado de desenvolvimiento, es posible al hombre coordinarlos y más tarde unificarlos conscientemente con el alma inmanente. Luego el alma ejerce control, y se produce la expresión constante y creciente de su naturaleza. Esto a veces se expresa simbólicamente como la luz de una lámpara. Al principio la luz no brilla, pero gradualmente hace sentir su presencia, hasta que son comprendidas claramente las palabras del Cristo, "Yo soy la luz del mundo", exhortando a sus discípulos a "dejar brillar su luz para que los hombres vieran".

Tercero: Cuando la vida del alma, actuando de acuerdo a la Ley de Renacimiento, ha llevado a la personalidad a esa condición donde es una unidad integrada y coordinada, se establece entre ambos una interacción más intensa, que se logra por el proceso de la autodisciplina, la activa voluntad hacia el Ser espiritual, el servicio altruista (modalidad en que se manifiesta el alma consciente del grupo) y la meditación. La consumación de la tarea es la comprensión consciente de la unión, llamada en terminología cristiana, unificación.

Estas tres hipótesis deben aceptarse, como ensayo, si se desea que este proceso educativo, por medio de la meditación, sea eficaz. El *Diccionario de Webster*[4] define al alma de acuerdo a estas teorías:

"Una entidad concebida como la esencia, sustancia o causa actuante de la vida individual, especialmente de la vida que se manifiesta en las actividades síquicas; el vehículo de la existencia individual cuya naturaleza es independiente del cuerpo y cuya existencia se considera inseparable".

Webster[5] agrega un comentario aplicable a nuestro tema, que "algunos conceptos, como el de Fechner, respecto a que el alma constituye todo el proceso unitario espiritual, conjuntamente con el entero proceso unitario corporal, parecen encontrarse a mitad de camino entre los puntos de vista idealista y materialista. El concepto estrictamente oriental lo da en su libro el Dr. Radhakrishna,[6] de la Universidad de Calcuta, diciendo:

"Todos los seres orgánicos tienen un principio de autodeterminación, al cual se lo denomina generalmente 'alma' En el sentido estricto de la palabra, alma se aplica a cada ser que tiene vida, y las distintas almas fundamentalmente son de idéntica naturaleza. Las diferencias se deben a las organizaciones físicas que oscurecen y deforman la vida del alma. La naturaleza de los cuerpos, donde las almas están incorporadas, explica los diversos grados de oscuración... El ego es la unidad sicológica de la sucesión de experiencias conscientes, que constituye lo que conocemos como vida interna de un yo empírico.

"El yo empírico es una mezcla del espíritu libre y del mecanismo de purusha y de prakriti... Cada ego posee dentro del burdo cuerpo material, que se disuelve al morir, un cuerpo sutil, formado por el mecanismo psíquico, incluyendo los sentidos".

Esta alma es un fragmento de la Superalma, una chispa de la Llama Una, aprisionada en el cuerpo. Es el aspecto vida que da al hombre, como a todas las formas en manifestación, vida o ser, y conciencia. Es el factor vital, ese algo coherente e integrante que hace del ser humano (compuesto, no obstante, unificado) una entidad que piensa, siente y aspira. El intelecto en el hombre es el factor o cualidad de percepción egoica, que le permite dirigirse a su medio ambiente, durante las etapas en que su personalidad está en desarrollo; pero por la meditación apropiada le permite luego orientarse hacia el alma, como separada del mecanismo, y así, hacia un nuevo estado de percepción del ser.

La relación del alma con la Superalma es la de la parte con el Todo, y esta relación y sus consiguientes reconocimientos se desarrollan en sentido de unicidad con todos los seres y con la Realidad suprema, de la cual los místicos dieron siempre testimonio. La relación del alma con el ser humano es la relación de la entidad consciente, con su medio de expresión; la de quien piensa, con el instrumento pensante; la de quien registra un sentimiento, con el campo de la experiencia sensoria, y la relación del actor con el cuerpo físico —único medio de hacer contacto con ese campo particular de actividad, el mundo de la vida física. Esta alma se expresa mediante dos tipos de energía, denominados principio vital o fluídico, el aspecto vida y la energía de la razón pura. Durante la vida, estas energías están enfocadas en el cuerpo físico. La corriente de vida se centra en el corazón, utiliza la corriente sanguínea, las arterias y las venas, y anima todas las partes del organismo. La otra corriente, la energía intelectual, está centrada en el cerebro y utiliza el sistema nervioso como medio de expresión. Por lo tanto, en el corazón reside la sede del principio vida y en la cabeza la sede de la mente razonadora y de la conciencia espiritual, la cual se alcanza empleando la mente en forma correcta. El Dr. C. Lloyd Morgan[7], dice en conexión con la palabra "alma":

"En todos los casos lo que comúnmente se comprende por 'teoría del alma' tiene sus raíces en el dualismo. Lo que algunos quieren dar a entender al hablar de una 'sicología sin alma', es la sicología no dualista... Sin embargo, existe un aspecto del cual puede decirse como definición apropiada, que el alma caracteriza ese nivel de desarrollo mental, donde el *concepto* espíritu está incluido dentro del campo reflexivo de referencia".

Anteriormente en el mismo libro [8] dice:

"Cada uno de nosotros es una vida, una mente y un espíritu —ejemplo de vida, como expresión del plan mundial; de mente, como diferente expresión de dicho plan, y de espíritu, hasta donde la sustancia de ese plan se revela en nosotros. El plan mundial en todo sentido, desde su aspecto más ínfimo a su más elevada expresión, es manifestación de Dios; en ustedes, en mí, y en cada uno en particular, Dios, como Espíritu, se revela parcialmente."

Esta revelación de la Deidad es la meta del esfuerzo místico y el objetivo de la actividad dual de la mente —Dios como vida en la naturaleza; Dios como amor, subjetivamente; Dios como plan y propósito. Esto es lo que la unificación, producida por la meditación, revela al hombre. Mediante esta técnica ordenada el hombre descubre esa unidad que es él mismo, luego su relación con el Universo, que su cuerpo físico y sus energías vitales son parte integrante de la naturaleza misma, que en efecto es la vestidura externa de la Deidad; percibe que su aptitud para amar y sentir lo hace consciente del amor que palpita en el corazón de toda la creación y, finalmente, descubre que su mente puede darle la llave que le abre la puerta de la comprensión para penetrar en los propósitos y planes que guían a la mente de Dios mismo. En efecto, llega hasta Dios y descubre a Dios como la Realidad central; sabiendo que él es divino, descubre que el Todo es igualmente divino. El Dr. F. Kírtley Mather de la Universidad de Harvard ha dicho en un artículo muy ilustrativo:

"No puede negarse que el Universo está administrado. Algo determina y continúa determinando la actuación de la ley natural, la ordenada trasformación de la materia y de la energía. Puede que sea la 'curvatura del cosmos', o 'ciega casualidad', o 'energía universal, o 'un Jehová ausente', o un 'espíritu omnipenetrante, pero debe haber algo. Desde cierto ángulo, la pregunta de si existe un Dios, recibe rápidamente una respuesta afirmativa".

Descubriéndose a sí mismo y comprendiendo su propia naturaleza, el hombre llega a ese centro dentro de sí mismo, que es uno con todo cuanto existe; descubre que está dotado de un mecanismo que puede ponerlo en contacto con las manifestaciones diferenciadas, mediante las cuales la Deidad trata de expresarse. Posee un cuerpo vital que responde a la energía universal, y es el vehículo para las dos formas de energía anímica, anteriormente nombradas. El tema del cuerpo vital, su relación con esta energía universal y los siete puntos de contacto con el organismo físico, fueron tratados en mi libro [9], por lo tanto, no me explayaré aquí, excepto transcribir un párrafo:

"Detrás del cuerpo objetivo existe una forma subjetiva, constituida de materia etérica, que actúa como conductor del principio vital de energía o prana. Este principio vital es el aspecto fuerza del alma y por medio del cuerpo etérico el alma anima a la forma, otorga sus cualidades y atributos peculiares, plasma en ella sus deseos y, finalmente, la dirige valiéndose de la actividad de la mente. Por medio del cerebro el alma energetiza al cuerpo, impulsándolo a la actividad consciente (dirigida), y a través del corazón, la vida compenetra todas las partes del cuerpo".

Existe además otro cuerpo, compuesto de la suma total de todos los estados emocionales, sentimientos e inclinaciones, que reacciona al medio ambiente físico del hombre, en respuesta a la información recibida por el cerebro, por conducto de los cinco sentidos y trasmitida a él por el cuerpo vital, siendo así arrastrado a actividades de carácter puramente egoísta y personal, o puede entrenársela para que reaccione, en primer lugar, a la mente, considerándola (algo que raras veces ocurre) como intérprete del yo espiritual, el alma. Este cuerpo emocional, caracterizado por el sentimiento y el deseo, en la mayoría de los casos actúa más poderosamente sobre el cuerpo físico, considerado por el esoterista como un autómata, impulsado a la acción por la naturaleza del deseo y energetizado por la energía vital.

A medida que la raza progresa, viene a la existencia y entra en actividad otro cuerpo, el mental, el cual asume gradualmente el control activo y natural. Análogamente a los organismos físico y emocional, este mecanismo mental es al principio enteramente objetivo en su orientación, y entra en actividad debido a los impactos que le llegan del mundo externo por conducto de los sentidos. Cada vez es más positivo, y, lenta aunque firmemente, empieza a dominar los otros aspectos fenoménicos del hombre, hasta que la personalidad y sus cuatro aspectos, actúan completos y unificados, como entidad activa en el plano físico. Cuando esto ocurre se llega a una crisis y se hacen posibles nuevos desenvolvimientos y desarrollos.

Durante todo este tiempo las dos energías del alma, vida y mente, actuaron a través de los vehículos, sin que el hombre se diera cuenta de su origen o finalidad. Como resultado de esta actividad es ahora un ser humano inteligente, activo y evolucionado. Pero, como Browning[10] dice: "En el hombre íntegro comienza nuevamente la tendencia hacia Dios", y es impelido por una inquietud divina hacia una percepción y contacto conscientes con su alma, factor invisible que presiente y del cual es personalmente inconsciente. Así comienza el proceso de la propia educación y la intensa investigación de su verdadera naturaleza. Su personalidad, hasta entonces orientada hacia el mundo de la vida física, emocional y mental, con la atención enfocada objetivamente, pasa por un proceso de reorientación y se dirige hacia dentro, al yo. Se enfoca subjetivamente y tiene por finalidad hacer surgir a la manifestación ese "ser más profundo" de que habla Keyserling. Se busca la unión consciente con el alma, pero no sólo desde el punto de vista emocional y sensorio del devoto y del místico. Se busca la experiencia directa, el conocimiento del Yo divino y la seguridad mental de la existencia del inmanente Hijo de Dios, lo cual se convierte en la meta de todo esfuerzo.

Éste no es el método del devoto místico que, por el amor impulsivo de su naturaleza emocional, ha buscado a Dios. Es el método del acercamiento intelectual y de la subordinación de la entera personalidad, al impulso de dirigirse hacia las realidades espirituales. Todos los tipos puramente mentales y las personalidades verdaderamente coordinadas son místicos en el fondo, y pasaron por el período místico alguna vez o en determinada vida. A medida que el intelecto se afirma y la mente se desarrolla, este misticismo puede desvanecerse temporariamente en la penumbra y quedar por algún tiempo relegado al reino del subconsciente, pero, final e inevitablemente, se pone el énfasis sobre la voluntad de saber, y la vida (a la que no satisfacen los aspectos externos y visibles de la manifestación) es impulsada hacia el conocimiento del alma y a utilizar la mente en la comprensión de la verdad espiritual.

En este esfuerzo se unen la cabeza y el corazón. La mente y la razón pura se fusionan con el amor y la devoción, efectuándose un completo reajuste de la personalidad en una nueva esfera de percepción. Se registran nuevos estados de conciencia; se percibe gradualmente un nuevo mundo fenoménico, y el aspirante empieza a comprender que el foco de su vida, así como su conciencia, pueden elevarse por encima de su antiguo campo de esfuerzo. Descubre que puede caminar con Dios, morar en los cielos y conocer un nuevo mundo dentro de las formas externas familiares. Empieza a considerarse como habitante consciente de otro reino de la naturaleza, el reino espiritual, tan real, vital, ordenado y fenoménico, como cualesquiera de los hoy conocidos. Persistentemente asume la actitud del alma hacia su instrumento, el cuerpo humano. Deja de considerarse como un hombre dominado por sus emociones, impulsado por la energía y dirigido por su mente; sabe que es el yo, que piensa por medio de la mente, siente por medio de las emociones y actúa conscientemente. A medida que esta conciencia se estabiliza y se hace permanente, el trabajo de la evolución queda consumado; la gran unificación se ha efectuado y la unión entre el yo y su vehículo de expresión queda establecida. Así encarna conscientemente un divino Hijo de Dios.

Gracias a la educación en todas sus ramas, se ha acelerado extraordinariamente la coordinación de la personalidad. La mentalidad de la raza asciende constantemente la escala de la realización. La humanidad, mediante sus vastos grupos de individuos educados y mentalmente enfocados, está preparada para asumir su autodeterminación y ser dirigida por el alma. Se puede ya emprender la cultura intensiva del individuo, tal como se enseña en el sistema oriental. La educación y reorientación del ser humano avanzado debe hallar su lugar en nuestro sistema de educación en masa. Por eso se aboga en este libro y por eso se ha escrito. ¿Cómo puede el hombre descubrir su alma o probar la realidad de la existencia de esa alma? ¿Cómo puede el hombre reajustarse a las condiciones de la vida del alma y empezar a actuar consciente y simultáneamente como alma y como hombre? ¿Qué debe hacer para alcanzar la unión entre el alma y su instrumento, condición esencial para satisfacer el impulsivo anhelo de su naturaleza? ¿Cómo puede saber y no simplemente creer, esperar y aspirar?

La voz experimentada de la sabiduría oriental responde con una sola palabra: Meditación. La pregunta surge lógicamente: "¿Es eso todo?" y la respuesta es: "Sí". Cuando la meditación se practica correctamente y la perseverancia es la tónica de la vida, se establece creciente contacto con el alma. El resultado de este contacto se traduce en autodisciplina, en purificación y en una vida de aspiración y servicio. La meditación, en sentido oriental como veremos, es un proceso estrictamente mental, que conduce al conocimiento del alma y a la iluminación. Es un hecho en la naturaleza de que "como el hombre piensa, así es él".

Notas:

1.   Creative Understanding, pág. 180.
2.   Iuminanda, pág 218
3.   Creative Understanding, pág. 180
4.   Webster's New International Dictionary, Ed. 1923.
5.   Idem.
6.   Indian Philosophy, T. II, págs. 279, 283, 285.
7.   LÍe, Mind and Spirit, pág. 35.
8.   Idem, pág. 32.
9.   EL Alma y su Mecanísmo. Cap.III, de Alice A. Bailey.
10.   Paracelsus.

CAPÍTULO CUARTO

LOS OBJETIVOS DE LA MEDITACIÓN

"La unión se logra subyugando la naturaleza psíquica, y restringiendo la sustancia mental. Cuando se alcanza esto, el yogui se conoce a sí mismo tal como en realidad es".

Patanjali

CONSIDERADAS correctas las teorías delineadas en los capítulos precedentes, será útil establecer con claridad la meta definitiva que persigue el hombre culto cuando empieza a practicar la meditación y diferenciar entre la meditación y lo que el cristiano llama plegaria. Es esencial tener una idea clara de estos puntos, si queremos progresar en forma práctica, pues la tarea del investigador es ardua; necesita algo más que un entusiasmo pasajero y un esfuerzo momentáneo, para dominar esta ciencia y aplicar eficazmente su técnica. Vamos a considerar primeramente el último de los dos puntos mencionados y compararemos los métodos de la plegaria y de la meditación. La oración puede describirse, quizás, con los versos de J. Montgomery:

Plegaria es el sincero deseo del alma,
expresado o inexpresado,
el movimiento del fuego oculto,
que se estremece en el pecho.

Expone la idea del deseo y del requerimiento; la fuente del deseo es el corazón. Pero debe tenerse en cuenta que el deseo del corazón puede ser la adquisición de algo que la personalidad ambiciona, o las posesiones trascendentales y celestiales que el alma anhela. Sea lo que fuere, la idea básica es demandar lo que se desea, y así entra el factor anticipación, y también algo se adquiere finalmente, si la fe del peticionante es suficientemente intensa.

La meditación difiere de la oración en que es, ante todo, una orientación de la mente, orientación que produce comprensión y reconocimiento, y se convierten en conocimiento formulado. Existe una gran confusión en la mayoría de las personas sobre esta diferencia. Bianco de Siena hablaba realmente de meditación, cuando dijo: "¿Qué es la oración, sino la elevación de la mente directamente a Dios?".

Las personas polarizadas en su naturaleza de deseos, siendo predominantemente de tendencia mística, demandan lo que necesitan, se esfuerzan por adquirir en la plegaria virtudes largo tiempo anheladas; ruegan a la Deidad que los escuche y mitigue sus dificultades; interceden por sus seres queridos y quienes los rodean; importunan a los cielos por las posesiones materiales o espirituales, que consideran esenciales para su felicidad. Aspiran y ansían cualidades, circunstancias y factores condicionantes, que simplifiquen sus vidas o los liberen, para alcanzar lo que creen ser la libertad para una mayor utilidad; agonizan orando, para obtener alivio en sus enfermedades y padecimientos, y tratan de que Dios responda a su demanda mediante alguna revelación. Pero este pedir, demandar y esperar, son las principales características de la oración, predominando el deseo e implicando el corazón. La naturaleza emocional y la parte sensoria del hombre busca lo que necesita, y el campo de las necesidades es grande y real; el acercamiento se hace por medio del corazón.

Lo antedicho contiene cuatro tipos de plegaria:

1.   Para beneficios materiales y ayuda.
2.   Para virtudes y cualidades del carácter.
3.   Para otros, es decir, oración intercesora.
4.   Para iluminación y comprensión divinas.

Se observará en el análisis de estos cuatro tipos de plegaria, que todos tienen su raíz en la naturaleza de deseos, y el cuarto lleva al aspirante a un punto donde puede terminar la oración y comenzar la meditación. Séneca debió haber comprendido esto cuando dijo: "La oración no es necesaria, salvo para pedir por un buen estado de la mente y por la salud (plenitud) del alma."

La meditación lleva el trabajo hasta el reino mental; el deseo cede su lugar al trabajo práctico de preparación para el conocimiento divino, de manera que el hombre que inició su larga carrera y experiencias de la vida con el deseo como cualidad básica, y alcanzó el estado de adoración de la Realidad divina tenuemente percibida, pasa ahora del mundo místico al del intelecto, al de la razón y de la eventual comprensión. La oración más la abnegación del altruismo disciplinado produce al místico. La meditación más el servicio disciplinado y organizado produce al Conocedor. El místico, como hemos visto, presiente las realidades divinas, establece contacto (desde las alturas de su aspiración) con la visión mística y ansía incesantemente la repetición constante del estado de éxtasis a que su oración, adoración y veneración, lo han elevado. Por lo común es completamente incapaz de repetir esta iniciación a voluntad. Pére Poulain en "Des grâces D'Oraison", sostiene que ningún estado es místico a menos que el vidente sea incapaz de producirlo. En la meditación sucede lo contrario, pues mediante el conocimiento y la comprensión, el hombre iluminado puede entrar a voluntad en el del alma y participar inteligentemente de su vida y estados de conciencia. Un método implica la naturaleza emocional y está basado en la creencia en un Dios que otorga; el otro involucra la naturaleza mental y está basado en la creencia en la divinidad del hombre mismo, aunque no niega las premisas místicas del otro grupo.

Se observará, sin embargo, que las palabras, místico y misticismo se emplean muy a la ligera y comprenden, no sólo al puramente místico, con sus visiones y reacciones sensorias, sino también aquellas que van en camino hacia el reino de la certidumbre y del conocimiento puro. Abarcan estados inesperados e intangibles, basados en la aspiración y devoción puras, y también esos estados provenientes de un acercamiento inteligente y ordenado, a la realidad, y susceptibles de repetirse, de acuerdo a las leyes que el Conocedor aprendió. Bertrand Russell [1] trata estos dos grupos de manera muy interesante, aunque emplea el Único término místico en ambas relaciones. Sus palabras constituyen el preludio más fascinador para nuestro tema:

"La filosofía mística, en todas las edades y partes del mundo, se caracteriza por ciertas creencias, ilustradas por las doctrinas ya consideradas.

"Existe primeramente la creencia en la percepción interna, en oposición al conocimiento discursivo analítico; la creencia, repentina, penetrante, coercitiva, en camino a la sabiduría, en contraste con el lento y falible estudio de la experiencia externa, por una ciencia que se apoya totalmente en los sentidos...

La percepción interna del místico empieza con la sensación del misterio develado, de la sabiduría oculta que se trasforma repentinamente en certidumbre, más allá de toda duda. La sensación de certeza y revelación llega antes de toda creencia definida, a los cuales llegan los místicos como resultado de la reflexión sobre las experiencias inarticuladas, adquiridas en el momento de la percepción interna...

"La primera y más directa consecuencia del momento de la iluminación, es la creencia en la posibilidad de un medio de conocimiento que puede llamarse revelación, percepción o intuición, opuesto al sentido, a la razón y al análisis, considerados como ciegos guías que conducen a la ciénaga de la ilusión. Íntimamente relacionado con esta creencia, está el concepto de una Realidad tras el mundo de las apariencias, completamente distinta. Se contempla esta Realidad con admiración, que a menudo raya en adoración; se la siente siempre y en todas partes al alcance de la mano, tenuemente velada por el espectáculo del sentido, preparada para que la mente receptiva brille en toda su gloria, aunque sea a través de la evidente idiotez y maldad humana. El poeta, el artista y el amante, buscan esta gloria: ellos persiguen la evanescente belleza del débil reflejo de su sol. Pero el místico vive en la plena luz de la visión: él conoce lo que otros apenas perciben; comparado con el conocimiento que posee, todo lo demás es ignorancia.

"La segunda característica del misticismo es la creencia en la unidad, y la negación en admitir la oposición o división...

Una tercera señal de casi toda metafísica mística es la negación de la realidad del factor tiempo, consecuencia de negar la división; si todo es uno, la distinción entre pasado y futuro debe ser ilusoria...

La última de las doctrinas del misticismo a considerar, es la creencia de que todo mal es mera apariencia, ilusión producida por las divisiones y oposiciones del intelecto analítico.

El misticismo no sostiene que todas las cosas, como crueldad, por ejemplo, sean buenas, pero niega que sean reales: pertenecen al mundo inferior de los fantasmas, del cual debemos liberarnos, por la percepción interna de la visión".

Pero el camino místico es una preparación para el camino del conocimiento, donde el místico se detiene para adorar la visión y anhelar al Amado; el buscador del verdadero conocimiento se hace cargo de la tarea y lleva adelante el trabajo. El Dr. Bennet [2], de Yale, dice al final de su libro sobre misticismo: "El místico, al término de su preparación, espera simpleménte una aparición un acontecimiento que cuida de no definir demasiado detalladamente; también espera, con plena conciencia, de que su propio esfuerzo lo ha llevado hasta donde puede llegar, y que debe ser completado por algún contacto externo". Este pensamiento circunscribe la idea a la esfera de la percepción sensoria, pero hay algo más, el conocimiento directo, la comprensión de las leyes que rigen esta nueva esfera del ser, el sometimiento a un nuevo procedimiento y los pasos y contraseña que conducen al portal y hacen que se abra. Es aquí donde la meditación desempeña su parte y la mente cumple su nueva función de reveladora. Gracias a la meditación, la unión que el místico ansía y presiente, y de la cual tienen una breve y fugaz experiencia, se define, y la conoce más allá de toda controversia, siendo recuperable a voluntad. El Padre Joseph Maréchal,[3] en su notable obra indica que:

"... el simbolismo se desvanece, las imágenes se esfuman, el espacio desaparece, la multiplicidad se reduce, se silencia el razonamiento, la sensación de extensión se reduce en sí misma y luego se desintegra, *la actividad intelectual se concentra total e intensamente*; capta sin necesidad de intermediarios, con la soberana certidumbre de la intuición, el Ser, Dios...

"La mente humana es, entonces, una *facultad en busca de su intuición* —es decir, de asimilación del Ser, el Ser puro y simple, soberanamente uno, sin restricción, sin distinción de esencia y existencia, de posibilidad y realidad." (Lo subrayado me pertenece. A.A. B.)

El objetivo del místico convencido es tomar la mente y doblegarla a su nueva tarea como reveladora de lo divino. Para hacerlo con éxito y felicidad, necesita una clara percepción de su meta y un lúcido entendimiento de los resultados que finalmente deben manifestarse. Requiere una aguda formulación de los haberes con los cuales inicia su esfuerzo, y es análogamente la valoración de aquello de que carece y de sus defectos. Debe alcanzar una perspectiva lo más equilibrada posible de sí mismo y de sus circunstancias. Sin embargo, paralelamente debe haber también una perspectiva equilibrada de la meta, y una comprensión de las maravillosas realizaciones y dones que le pertenecerán una vez que haya trasferido su interés de las cosas que ahora absorben su atención y sus emociones, hacia valores y normas más esotéricos.

Hemos tocado el punto en que la meditación es un proceso por el cual la mente se reorienta hacia la Realidad y que, correctamente empleada, puede llevar al hombre a otro reino de la naturaleza a otro estado de conciencia y del Ser y a otra dimensión. La meta de la realización se traslada a esferas más elevadas del pensamiento y conocimiento. ¿Cuáles son los resultados definidos de esta reorientación?

Ante todo diremos que la meditación es la ciencia que permite llegar a la experiencia directa de Dios. Aquello en que vivimos, nos movemos y tenemos nuestro ser, deja de ser el objeto de la aspiración, o el símbolo, para nosotros, de una posibilidad divina.

Conocemos a Dios como la Causa Eterna y la fuente de todo cuanto existe, incluso nosotros mismos. Reconocemos al Todo. Llegamos a ser uno con Dios cuando llegamos a ser uno con nuestra propia alma inmortal, y al producirse este grandioso acontecimiento descubrimos que la conciencia del alma individual es la conciencia del todo, y que la separatividad y división, las diferencias y conceptos de yo y tú, de Dios y de un hijo de Dios, se han desvanecido en el conocimiento y realización de la unidad. El dualismo ha cedido su lugar a la unidad. Es el Camino de la Unión. La personalidad integrada ha sido trascendida mediante el proceso ordenado de desenvolvimiento del alma, y se ha alcanzado la consciente unificación del yo inferior o personal, con el yo superior o divino. Esta dualidad debe ser primero comprendida, luego trascendida, antes de que en la conciencia del hombre el verdadero yo se convierta en el Yo supremo. Se ha dicho que las dos partes del hombre no han tenido nada en común durante largas edades, y ambas son el alma espiritual y la naturaleza forma, pero están unidas eternamente (y aquí está la solución del problema del hombre) por el principio mente. En el antiguo libro hindú,[4] se encuentran estas significativas palabras:

El yo superior es el amigo del yo inferior para aquel en quien el yo inferior ha sido conquistado por el yo superior; pero para aquel que está alejado del yo superior, su propio yo inferior le es hostil como un enemigo".

Y San Pablo[5] dice prácticamente lo mismo en su desesperado lamento:

"Porque sé que en mi (es decir, en mi carne) nada bueno mora, porque el querer está en mí; pero no encuentro cómo hacer el bien... Porque al seguir el hombre interno me deleito en la ley de Dios. Pero veo otra ley en mis miembros que se revela contra la ley de mi mente y me conduce cautivo a la ley del pecado que está en mis miembros. Desdichado de mí ¡Quién me liberará! (el verdadero yo) de este cuerpo de muerte".

Este Ser real es Dios –Dios Triunfante, Dios Creador, Dios Salvador del hombre. Según las palabras de San Pablo, "Cristo en nosotros esperanza es de gloria". Esto se convierte en un hecho en nuestra conciencia y no simplemente en una esperada teoría.

La meditación hace que nuestras creencias se trasformen en hechos comprobados y nuestras teorías en experiencias probadas. La afirmación de San Pablo no es más que un concepto y una mera posibilidad hasta que, por medio de la meditación, se evoca la vida crística y se convierte en factor dominante en la vida diaria. Al hablar de nosotros decimos que somos divinos e hijos de Dios. Sabemos que algunos demostraron su divinidad al mundo, y se hallan al frente de la humanidad, y testimonian facultades que están más allá de nuestro alcance. Somos conscientes internamente de anhelos que nos impelen hacia el conocimiento, y de impulsos internos que han forzado a la humanidad a ascender la escala de la evolución, hasta alcanzar la etapa actual, que denominamos seres humanos cultos. Un anhelo divino nos ha impulsado adelante desde la etapa de los moradores de las cavernas hasta nuestra civilización moderna. Sobre todo, somos conscientes de quienes poseen o pretenden poseer una visión de cosas celestiales que ansiamos compartir, y de quienes dan testimonio de la existencia de un camino directo hacia el centro de la Realidad divina y piden que lo sigamos. Se dice que es posible tener experiencia directa, y la tónica de la época moderna puede resumirse en las palabras: "De la autoridad a la experiencia". ¿Cómo podemos saber? ¿Cómo tener esta experiencia directa, sin la intromisión de un intermediario? La respuesta es: existe un método, seguido por incontables millares de personas, y un procedimiento científico, formulado y seguido por pensadores de todas las épocas, mediante el cual se han convertido en conocedores.

El proceso educativo ha efectuado probablemente su principal trabajo al preparar la mente para que emprenda la práctica de la meditación. Ha enseñado que se posee tal mecanismo y ha expuesto algunos de los medios para utilizarlo. Los psicólogos han dicho mucho acerca de nuestras reacciones mentales y hábitos instintivos. Ha llegado el momento en que el hombre se posesione conscientemente de su instrumento y pase de las etapas iniciales del proceso educativo al aula y laboratorio internos, donde podrá descubrir por sí mismo a Dios como objetivo de toda educación. Alguien dijo que el mundo no es una cárcel, sino una escuela de párvulos espirituales, donde millones de niños confundidos tratan de deletrear a Dios. La mente lleva de aquí para allá en el trabajo de deletrear la verdad, hasta que alborea el día y, agotados, nos retiramos dentro de nosotros mismos, meditamos y luego descubrimos a Dios. El Dr. Overstreet [6] dice: "Toda nuestra eterna búsqueda encuentra su explicación y significación. Es Dios que está activo en nosotros. Allí descubrimos los valores más perdurables, o si los creamos, desempeñamos la parte de Dios en nuestras propias vidas."

Podernos definir también la meditación como el método por el cual el hombre alcanza la gloria del yo develado, mediante el proceso de rechazar una forma tras otra. La educación no es exclusivamente tarea de las escuelas y universidades. La más grande escuela es la experiencia de la vida y las mejores lecciones son las que aprendemos por nosotros mismos, identificándonos con una sucesión de formas —formas de placer, de los seres amados, de deseos y de conocimiento, ¡la enumeración es interminable! Pero solo son sustitutos que creamos y establecemos corno objeto de adoración, o esas ideas de la felicidad y la verdad que otros formularon y vamos incesantemente tras ellas, sólo para descubrir que se desvanecen en la niebla ante nuestros cansados ojos. Buscamos satisfacciones en todo tipo de fenómeno, sólo para hallar que se convierten en polvo y ceniza, hasta que alcanzamos ese algo (intangible y, sin embargo, infinitamente real) que les dio existencia. Quien ve todas las formas como símbolos de la Realidad está cerca del yo sin velos. Para lograrlo es necesaria la captación mental y una intuición guiada. Posiblemente Sir James Jeans[7] tuvo una vislumbre de esto cuando dijo:

"Los fenómenos llegan disfrazados en su armazón de tiempo y espacio; son mensajes cifrados cuya significación final no entendemos hasta haber descubierto la forma de descifrarlos, despojados también de sus envolturas de tiempo y espacio"

El hombre es un punto de luz divina oculto dentro de varias envolturas, así como ésta oculta la luz de una linterna, la cual puede estar apagada o encendida. Su luz puede brillar o estar oculta y por lo tanto no tiene utilidad alguna para los demás. En los Aforismos de Yoga de Patanjali, libro de texto básico para la meditación, del cual mi libro *La Luz del Alma* [8] es una paráfrasis y comentario, se asegura que por medio de las correctas disciplina y meditación, desaparece gradualmente "... lo que oscurece la luz.. ." y "cuando la inteligencia espiritual... se refleja en la sustancia mental, entonces se obtiene la percepción del yo". En algún momento de la historia de cada ser humano, ocurre una crisis decisiva, donde la luz debe ser percibida a través de una inteligencia correctamente empleada, estableciéndose así el inevitable contacto con lo divino. Esto lo hace resaltar Patanjali [9] cuando dice: "La transferencia de la conciencia de un vehículo inferior a otro superior, es parte del gran proceso creador y evolutivo". Lenta y gradualmente, el conocimiento directo se hace posible y la gloria que está oculta detrás de toda forma puede ser revelada. El secreto está en saber cuándo ha llegado este momento y aprovechar la oportunidad". Franz Pfeiffer [10] dice:

"Si el alma estuviera despojada de todas sus envolturas, Dios aparecería ante su vista sin envolturas, y se entregaría a ella sin reserva alguna. Mientras el alma no se haya despojado de sus velos, por muy sutiles que sean, es incapaz de ver a Dios."

Así enseñan Oriente y Occidente la misma idea, con los mismos símbolos.

La meditación es, en consecuencia, un proceso ordenado por el cual el hombre descubre a Dios. Es un sistema bien probado y constantemente empleado que invariablemente revela lo divino. Las palabras importantes aquí, son: "proceso ordenado". Hay ciertas reglas que seguir, ciertos pasos precisos que dar y ciertas etapas de desenvolvimiento que experimentar, antes de que el hombre pueda cosechar el fruto de la meditación. Es una parte del proceso evolutivo según hemos visto y, como todo lo demás en la naturaleza, lento pero seguro, e infalible en sus resultados. No hay desengaños para el hombre que está dispuesto a obedecer las reglas y trabaja de acuerdo a un sistema. La meditación exige autocontrol en todas las cosas, y a no ser que la práctica de la meditación vaya acompañada de otros requisitos del "proceso ordenado" (tales como autocontrol y servicio activo) fallará en su finalidad. El fanatismo no es necesario. Esto aparece bien claro en el *Bhagavad Gita*.[11]

"No hay meditación para el hombre que come poco ni para el que come mucho; para el que duerme excesivamente o demasiado poco. Pero aquel que es frugal en el alimento y ordenado en el trabajo, en el sueño y en el despertar, la meditación llega a ser el destructor de todo sufrimiento.

La meditación puede ser considerada correctamente como parte del proceso natural que hasta ahora ha conducido al hombre por el sendero de la evolución, desde una etapa muy cercana a la del animal, a la etapa de realización mental, de adquisición científica y de divino descontento. Este centro de conciencia cambia constantemente, y la atención se ha enfocado continuamente en un campo de contactos cada vez más amplio. El hombre ha pasado ya del estado puramente animal y físico del ser, a una percepción intensamente sensoria y emotiva. En esta etapa se encuentran millones de personas, y tantos otros progresan hacia una esfera más elevada de percepción que denominamos esfera de la mente. Otro grupo, mucho menos numeroso, está pasando a una esfera donde es posible un campo universal de contactos, y a éstos se los denomina los "Conocedores de la raza". A través de todos los métodos empleados corre el hilo de oro del propósito divino, y la meditación es el medio por el cual la conciencia humana es trasferida al conocimiento del alma y a la percepción de la misma.

Este proceso de revelar al yo, negando el aspecto forma de la vida, y la eventual incapacidad de las diversas envolturas para ocultarla, puede describirse como trasmutación, lo mismo que en términos de trasferencia de conciencia.

Trasmutación es el cambio y reorientación de las energías de la mente, de las emociones y de la naturaleza física, a fin de revelar al yo y no simplemente a las naturalezas síquica y física.

Se dice, por ejemplo, que tenemos cinco instintos principales que compartimos en común con los animales, los cuales, cuando se aplican a fines egoístas y personales, acrecientan la vida del cuerpo, refuerzan la forma o naturaleza material y sirven para ocultar cada vez más al yo, el hombre espiritual. Tales instintos deben ser transmutados en sus contrapartes superiores, pues cada característica animal tiene su prototipo espiritual. El instinto de autoconservación debe ser finalmente reemplazado por la comprensión de la inmortalidad y, aunque "morando siempre en lo Eterno", el hombre caminará sobre la tierra y cumplirá su destino. El instinto que hace que el yo inferior se lance adelante y fuerce su camino hacia arriba, eventualmente se trasformará en control del yo superior o espiritual. La afirmación del yo inferior cederá a la del yo superior. El sexo, que es un instinto animal que rige poderosamente todas las formas animales, cederá su lugar a una atracción superior, la cual, en sus aspectos más nobles, dará origen a la consciente atracción y unión entre el alma y su vehículo; mientras que el instinto de rebaño se transmutará en conciencia grupal. Un quinto instinto, llamado el impulso de descubrimiento e investigación que caracteriza a todas las mentes que se hallan tanto en un nivel inferior como superior, cederá su lugar a la percepción y la comprensión intuitivas, realizándose así la gran tarea, y el hombre espiritual dominará a su creación, el ser humano, y elevará todos sus atributos y aspectos a los cielos.

La meditación desarrolla en la mente el conocimiento espiritual, y partiendo de la base del conocimiento común, se expande constantemente nuestra comprensión del término, hasta fusionar el conocimiento en sabiduría. Esto es conocimiento directo de Dios por medio de la facultad mental, y así convirtiéndonos en lo que somos, podemos manifestar nuestra naturaleza divina. Tagore, en uno de sus escritos define la meditación como (la entrada en una gran verdad, hasta ser poseídos por ella); verdad y Dios son términos sinónimos. Se dice que la mente conoce dos objetos, el mundo externo, mediante los cinco sentidos y el cerebro, y el alma y su mundo, mediante lo que podríamos llamar el empleo introvertido de la mente y su intenso enfoque sobre un nuevo y poco común campo de contactos. Entonces "la sustancia mental, reflejando tanto al conocedor (el yo) como a lo cognoscible, deviene omnisciente..., se convierte en el instrumento del yo y actúa como agente unificador".[12] Al hombre que verdaderamente medita, le son reveladas todas las cosas. Comprenderá las cosas ocultas de la naturaleza y los secretos de la vida y del espíritu. También sabrá cómo es que sabe. Así la meditación trae unión o unificación.

El místico occidental hablará de unificación, mientras que su hermano oriental hablará de Raja Yoga o de Unión y Liberación, pero ambos quieren dar a entender lo mismo. Quieren significar que la mente y el alma (Cristo en nosotros o yo superior) actúan como una unidad, como un conjunto coordinado, expresando perfectamente la voluntad del Dios interno. René Guénon,[13] en uno de sus libros, hace los siguientes e interesantes comentarios sobre la palabra "unión", los cuales son oportunos aquí:

"La comprensión de esta identificación se efectúa por la yoga, es decir, la unión íntima y esencial del ser con el principio divino o, si se prefiere, con lo universal. El significado apropiado de la palabra yoga es, en efecto, 'unión' y nada más... Debe observarse que esta realización no debe considerarse estrictamente como un 'logro', o la 'producción de un resultado no preexistente', según la expresión de Shankarâchârya, porque la unión en cuestión, aunque no se realice de hecho en el sentido que se sobreentiende aquí, existe no obstante potencialmente o, mejor dicho, virtualmente; lo que implica es meramente el logro efectivo por parte del ser individual... de la conciencia y de lo que verdaderamente proviene de toda la eternidad".

Por medio de las etapas ordenadas del proceso de la meditación se establece gradual y firmemente, una relación entre el alma y su instrumento, hasta llegado el momento en que son literalmente uno. Entonces las envolturas sirven simplemente para revelar la luz de hijo de Dios interno; el cuerpo físico está bajo el control directo del alma, porque la mente iluminada trasmite (como veremos más adelante) el conocimiento del alma al cerebro físico; la naturaleza emocional se ha purificado y simplemente refleja   la   naturaleza amor del alma, de la misma manera que la mente refleja los propósitos de Dios. Así los aspectos hasta entonces desorganizados y separados del ser humano se sintetizan y unifican, se produce una relación armónica entre ellos, siendo el alma su creador, su fuente de energía y su poder motivador.

Esta ciencia de la unión implica la disciplina de la vida y un sistema experimental de coordinación. El método es atención enfocada, el control de la mente o la meditación. Es un método de desarrollo por el cual efectuamos la unión con el alma y llegamos a ser conscientes de estados internos de conciencia, lo cual está sintetizado en las familiares palabras de Browning: 14

La verdad está en nosotros;
no surge de cosas externas, tal como se cree;
existe un recóndito centro en todos,
donde la verdad mora en toda su plenitud;
muro sobre muro la carne nos circunda,
          ... y saber
Consiste más bien en abrir un camino,
por donde pueda evadirse el aprisionado esplendor,
en vez de entrar para obtener la luz,
que se supone está afuera.

El entero objeto de la ciencia de la meditación es, por lo tanto, permitir al hombre ser en la manifestación externa lo que es en la realidad interna, e identificarse con su aspecto alma y no simplemente con sus características inferiores. Es un proceso rápido para el desenvolvimiento de la conciencia razonadora, pero en este caso debe ser autoaplicada y autoiniciada. En la meditación la mente se emplea como instrumento para observar los estados eternos y con el tiempo se convierte en un instrumento para la iluminación, por cuyo medio el alma o yo, trasmite conocimiento al cerebro físico.

Finalmente, la meditación trae la iluminación. Franz Pfeiffer, en uno de sus libros, [15] citando las palabras de Meister Eckhart en el libro de los Sermones, escrito por éste en el siglo XIV, dice:

"Tres tipos de hombres ven a Dios. El primero ve a Dios por la fe; no sabe de Él más de lo que puede discernir parcialmente. El segundo contempla a Dios a la luz de la gracia, pero sólo como respuesta a sus ansias, otorgándoles dulzura, devoción, interioridad y otras cosas análogas... El tercero Lo ve en la luz divina".

Es precisamente esta luz lo que el proceso de la meditación revela y con la cual aprendemos a trabajar.

El corazón del mundo es luz y en esta luz veremos a Dios. En esta luz nos descubrimos a nosotros mismos. En esta luz se revelan todas las cosas. Pantajali[16] dice que "cuando los métodos de la yoga han sido practicados con constancia y se ha vencido la impureza, tiene lugar el esclarecimiento, que conduce a la plena iluminación". "Entonces la mente tiende... al acrecentamiento de la iluminación respecto a la verdadera naturaleza del yo".

Como resultado de la meditación llega el resplandor de la luz. Esta iluminación es gradual; se desarrolla etapa tras etapa. [17]

De esto trataremos con mayor detalle más adelante.

Como consecuencia de los factores mencionados, los poderes del alma se desarrollan por medio de la meditación. Cada vehículo, por el cual se expresa el alma, contiene latente en sí cierta potencia inherente; pero el alma, fuente de todos ellos, la posee en su forma más pura y sublime. El ojo físico por ejemplo, es el órgano de la visión física. La clarividencia es el mismo poder que se manifiesta en lo que se considera como mundo psíquico –el mundo de ilusión, de sensación y de emoción. Pero el alma manifiesta ese mismo poder como percepción pura e infalible visión espiritual. Las analogías superiores de los poderes inferiores, físicos y síquicos, entran en activa función por medio de la meditación, y de esta manera reemplazan a sus expresiones inferiores.

Dichos poderes se desenvuelven en forma normal y natural, no porque se deseen o desarrollen conscientemente, sino porque a medida que el Dios interno ejerce control y domina Sus cuerpos, Sus poderes se manifiestan en el plano físico como potencialidades y son realidades conocidas.

El verdadero místico no se preocupa de poderes y facultades, sino del Poseedor de estos poderes. Se concentra en el yo y no en las potencias de ese yo. A medida que se fusiona cada vez más con la realidad, que es él mismo, los poderes del alma se manifiestan en forma normal, útil y sin peligro. El proceso ha sido sintetizado por Franz Pfeiffer [18] en estas palabras:

"Los poderes inferiores del alma deberían supeditarse a los superiores y éstos a Dios; sus sentidos externos a los internos y éstos a la razón; el pensamiento a la intuición y la intuición a la voluntad, y todos a la unidad..."

Las palabras del Dr. Charles Whitty,[19] traductor del libro de René Guénon, son oportunas en este capitulo sobre los objetivos del proceso de la meditación. Se refiere:

"... al abrumador testimonio del mutuo y confirmador acuerdo, sobre todos los puntos esenciales de las tradiciones esotéricas occidentales, hinduistas, musulmanas y del Lejano Oriente. La verdad, que tan precipitadamente llamamos inaccesible, nos espera allí con majestad inalterada e inmutable, velada para los ojos precipitados y burlones, pero cada vez más evidente para el buscador ansioso e imparcial. Según Plotino, el acto de la contemplación, que esencialmente constituye la vida de todo individuo y del género humano, asciende gradualmente, y, por progresión natural e inevitable, va de la naturaleza al alma, del alma al intelecto puro y del intelecto al Supremo 'Uno'. Si es así, la actual preocupación sobre cuestiones síquicas o semisíquicas de los representantes más avanzados del pensamiento y de la ciencia occidental, puede o más bien debe, ser tarde o temprano reemplazada por la atención de igual intensidad, sobre cuestiones superiores y hasta de mayor importancia.

Como se verá, lo atribuido a la meditación es muy elevado, y el paso del testimonio de los místicos e iniciados de todas las edades, pueden corroborarlo. El hecho de que otros se hayan realizado, puede alentarnos e interesarnos, pero únicamente eso, a no ser que emprendamos una acción definida. Es muy cierto que existe una técnica y una ciencia de unión, basadas en el correcto manejo del cuerpo mental y la correcta aplicación del mismo; pero este conocimiento no es de utilidad a no ser que cada pensador culto encare la cuestión. Debe decidir sobre los valores implicados y dedicarse a demostrar la realidad de la mente, su relación en dos direcciones (con el alma por un lado y el medio ambiente externo por otro) y, finalmente, su capacidad para utilizar esa mente a voluntad, según decida. Esto implica el desarrollo de la mente como un sentido que se ha sintetizado. el sentido común, rigiendo su empleo en relación con el mundo de la vida terrena, de las emociones y del pensamiento. Involucra también su orientación a voluntad hacia el mundo del alma, y su capacidad de actuar como intermediaria entre el alma y el cerebro físico. La primera relación se desarrolla y fomenta por medio de los sensatos métodos educativos exotéricos y de entrenamiento. La segunda es posible por la meditación, una forma más elevada del proceso educativo.

Notas :

1.   Mysticism and Logic, págs. 8, 9, 10, 11.
2.   A Philosophical Study of Mysticism, pág. 192.
3.   Studtes in the Psychology of the Mystics, págs. 32, 101.
4.   Bhagavad Gita, VI: 6.
5.   Ro, 7: 18; 22, 23 y 24
6.   The Enduring Quest, pág. 265.
7.   One Universe Around Us, pág. 339.
8.   Libro II, Af. 52.
9.   Libro IV, Af. 2.
10.   Meister Eckhart, pág. 114.
11.   Bhagavad Gita, Libro VI, Af. 16, 17.
12.   La Luz del Alma, Libro IV, Af. 23 y 24.
13.   Man and His Becoming, pág. 37.
14.   Paracelsus (versión libre).
15.   Meister Eckhart, pág. 101.
16.   La Luz del Alma, Libro II, Af. 27, 28; L. IV, Af. 26.
17.   Ídem, Libro III, Af. 5, 6.
18.   Meister Eckhart, pág. 40.
19.   Man and His Becoming, pág. X.
20.

CAPÍTULO QUINTO

ETAPAS DE LA MEDITACIÓN

"¿Qué harías en lo interno, oh alma, hermana mía?
¿Qué harías en lo interno?
Obturaría puerta y ventana para que nadie pudiera verla:
Así solos quedaríamos
(¡Solos, cara a cara
en ese lugar iluminado por la llama!)
Y por primera vez hablaríamos".

EVELYN UNDERHILL

HEMOS estudiado brevemente los objetivos que tenemos ante nosotros al tratar de reorientar la mente hacia el alma para, mediante esta unión, entrar en comunicación con un mundo más elevado del Ser. Tratamos de utilizar el equipo que nos fue dotado por una larga serie de experimentos y experiencias en la vida. Si emprendemos la tarea desde el punto de vista del devoto místico o del aspirante intelectual, existen ciertos requisitos básicos que deben preceder a todo ejercicio definido. Las palabras del Reverendo R. J. Campbell exponen sucintamente la situación y nuestra tarea, y dice:

"A fin de conocer la naturaleza del yo, tuvimos que abandonar nuestro hogar eterno en Dios, luchando y sufriendo en medio de las ilusiones del tiempo y de los sentidos. Debemos superarnos antes de penetrar en la verdad eterna que reside detrás de todo lo visible. Con la superación debemos dominar la carne y magnificar el espíritu, despreciar el mundo para salvarlo y perder la vida para descubrirlo".

Ahora consideraremos la situación y los procesos a que debemos ajustarnos, si queremos alcanzar la meta. Sólo se indicarán los requisitos preliminares, pues son universalmente reconocidos, y en parte los cumple todo principiante, de lo contrario no podría entrar en esa fase particular de la legendaria búsqueda de la verdad.

Somos conscientes de la dualidad en nosotros mismos y de un estado de lucha entre los dos aspectos de que estamos constituidos. Somos conscientes de un profundo descontento hacia toda la vida física y de nuestra incapacidad de captar y comprender la divina realidad que esperamos exista, pero es cuestión de fe y ansiamos estar seguros de ello. La vida de los sentidos no parece llevarnos muy allá en el camino hacia nuestra meta. Llevamos una existencia flexible, a veces impelidos por el elevado deseo hacia la maravillosa cumbre de la montaña, hasta alcanzar una vislumbre de la belleza, y luego somos arrojados al abismo de nuestro cotidiano medio ambiente, la naturaleza animal y el mundo caótico en que el destino nos ha colocado. Presentimos que hay algo cierto, pero nos elude; tratamos de alcanzar una meta que parece estar fuera de nosotros y evade nuestros más frenéticos esfuerzos; luchamos y ansiamos alcanzar el conocimiento, del que los santos nos dan testimonio y los Conocedores de la raza continuamente atestiguan. Si nuestra voluntad es bastante fuerte y nuestra determinación se arraiga en la persecución constante e indesviable al comprender las antiguas reglas y fórmulas, podemos encarar nuestro problema desde un nuevo ángulo y utilizar nuestro equipo mental en vez de la aplicación emocional y el deseo febril.

Sin embargo, tiene cabida la actividad del corazón, y Patanjali en sus bien conocidos

Aforismos [1] que han guiado los esfuerzos de cientos de Conocedores, dice:

"Las prácticas que conducen a 'la unión con el alma'... son: primero, 'aspiración ardiente', luego 'lecturas espirituales' y finalmente, 'devoción' al Maestro".

La palabra "aspiración" viene del latín "ad" y "aspirare" —respirar, alentar hacia, según el Diccionario Webster. La palabra "espíritu" viene de la misma raíz. Aspiración debe preceder a la inspiración. Debe haber una expiración del yo inferior, antes de haber una inspiración del aspecto superior. Desde el punto de vista del misticismo oriental, aspiración involucra la idea de fuego. Denota un deseo ardiente, una fogosa determinación que eventualmente produce tres cosas en el aspirante. Proyecta una viva luz sobre sus problemas y constituye la hoguera purificadora donde el yo inferior debe penetrar, a fin de consumir toda la escoria, a la vez que destruir todos los entorpecimientos que lo retengan. Esta misma idea del fuego aparece en todos los libros sobre misticismo cristiano, y en la Biblia se encuentran muchos pasajes similares.

La voluntad de "cargar la cruz, entrar en el fuego, morir diariamente" (no importa qué simbología se emplee), es la característica del verdadero aspirante, y antes de poder continuar en el camino de la meditación y seguir los pasos de las miríadas de hijos de Dios que nos precedieron, debemos medir la profundidad y altura y prepararnos para la ardua ascensión y la fiera lucha. Debemos decir como J. C. Earle: [2]

"Cruzo el valle. Asciendo la cuesta;
cargo la cruz; la cruz me carga a mí.
La luz me conduce a la luz. Lágrimas
de gozo vierto al pensar en lo que espero ver
una vez escalada la ardua cumbre;
por cada doloroso paso que doy,
atravieso mundos sobre mundos de luz, y
penetro en las honduras más profundas de Dios."

Empezamos con una comprensión emocional de nuestra meta, y de allí seguimos adelante a través del fuego de la disciplina, hacia las alturas de la certidumbre intelectual. Esto está bellamente descrito en la Biblia, en la historia de Sidrac, Misac y Abedago. Leemos que fueron arrojados a una hoguera ardiente; no obstante, el resultado de esta aparente tragedia fue la aparición de una cuarta Identidad entre ellos, de apariencias semejantes a la del Hijo de Dios. Estos tres amigos simbolizan el triple hombre inferior. El nombre Misac significa "ágil" (facultad de la mente discernidora, el cuerpo mental). Sidrac significa "gozando del camino", y describe la trasmutación del cuerpo emocional y el acto de trasladar el deseo al camino; Abedago significa "un servidor del Sol", y así hace resaltar el hecho de que la única función del cuerpo físico es ser servidor del Hijo (Sol), del ego o alma. (Véase Daniel III, 23-24). No hay medio de escapar de la ardiente hoguera, pero la recompensa es proporcional a la prueba.

La significación del segundo requisito, lecturas espirituales, debe ser también captada. La palabra leer es de origen muy oscuro; según los filólogos, deriva de dos palabras. Una es la latina "reri", pensar, la otra la sánscrita "radh", tener éxito. Quizás ambas ideas sean aceptables, porque realmente la verdad es que el hombre capaz de pensar mejor y de controlar y utilizar su mecanismo de pensar, es quien domina más fácilmente la técnica de la meditación.

La oración es posible para todos; la meditación únicamente para el hombre mentalmente polarizado. Conviene hacer resaltar este punto, pues frecuentemente encuentra oposición cuando se lo expone. Todo hombre que esté dispuesto a sujetarse a una disciplina y a transmutar la emoción en devoción espiritual, puede llegar a santo, y muchos se someten a ello. Pero no todos los hombres pueden llegar a Conocedores, porque esto implica todo cuanto el santo ha alcanzado, más el empleo del intelecto y el poder de pensar hasta alcanzar el conocimiento y la comprensión. El hombre que triunfa es aquel que puede pensar y utilizar el sexto sentido, la mente, para producir ciertos resultados específicos. Otros orígenes que se sugirieron tienen que ver con las palabras que significan aceptar consejos y advertencias. Tenemos así tres ideas básicas: obtener éxito mediante la mente, lograr la perfección, aceptar consejos y utilizar todos los canales de información, a fin de adquirir el conocimiento.

Esto es fundamentalmente lo que Patanjali quiere significar cuando emplea la expresión "lectura espiritual". En realidad significa leer con los ojos del alma, con la visión interna alerta, para descubrir lo que se busca. Se comprende que las formas no son más que símbolos de una realidad interna o espiritual, y que lectura espiritual implica el desarrollo de la capacidad de "leer", o ver el aspecto vida que la forma externa vela u oculta. Se observará que lo dicho se aplica tanto a la forma humana como a las formas de la naturaleza. Todas ellas velan un pensamiento divino, idea o verdad, y son manifestación tangible de un concepto divino. Cuando el hombre sabe esto empieza a leer espiritualmente, a ver debajo de la superficie, y así establece contacto con la idea que dio existencia a la forma. Gradualmente, a medida que se adquiere práctica, se Llega al conocimiento de la Verdad y ya no engañan los aspectos ilusorios de la forma. En su aplicación más práctica, esto conducirá al hombre, por ejemplo, a rechazar el aspecto forma que puede asumir un semejante y a ocuparse de él, basándose en la oculta realidad divina, lo cual no es fácil, pero sí posible, si se entrena en la lectura espiritual.

El tercer requisito es obediencia al Maestro. No es una obediencia servil a los mandatos de algún supuesto Instructor o Maestro, que actúa misteriosamente detrás de la escena, como pretenden tantas escuelas de esoterismo. Es mucho más sencillo. El Maestro real, que reclama nuestra atención y la consiguiente obediencia, es el Maestro en el Corazón, el alma, el Cristo interno. Este Maestro hace sentir Su presencia, primeramente por medio de la "voz tenue y queda" de la conciencia, impulsándonos a un vivir más elevado y menos egoísta, emitiendo una rápida advertencia cuando nos desviamos del estricto sendero de la rectitud. Luego es conocida como la Voz del Silencio, la palabra que llega, el "Verbo encarnado", nosotros mismos. Cada uno es un Verbo hecho carne. Después lo denominados intuición despierta. Quien estudia meditación aprende a diferenciar con exactitud estos tres. Este requisito exige, por lo tanto, obediencia implícita, que el aspirante presta rápidamente a los impulsos superiores que puede registrar en todo momento y a cualquier precio. Cuando se presta obediencia a esto, desciende del alma un raudal de luz y conocimiento. Cristo lo señala en las palabras: "Si uno cumple Su voluntad sabrá..." (Jn. 7:17)

Estos tres factores —obediencia, búsqueda de la verdad, en todas las formas, y ardiente anhelo de liberación— son las tres partes de la etapa de aspiración, y deben preceder a la de la meditación. No es necesario expresarlas en su plenitud o extensión, sino incorporarlas a la vida como reglas prácticas de conducta. Conducen al desapego, una cualidad sobre la que se hace hincapié en Oriente y Occidente. Consiste en liberar al alma de la esclavitud de la vida de las formas, y subordinar la personalidad a los impulsos superiores. El Dr. Maréchal [3] expresa esta intención cristiana en las palabras:

"Qué significa 'desapegarse' del yo,"
"Ante todo, en realidad, es desapegarse del ego inferior y sensorio —la subordinación habitual del punto de vista carnal al espiritual; la coordinación de la multiplicidad inferior, en una unidad superior.

"Igualmente es desapego del 'ego jactancioso', del ego disperso y caprichoso, juguete de las circunstancias externas, esclavo de la opinión fluctuante. La continuidad de la vida interna no podrá acomodarse a una unidad tan fluctuante.

"Sobre todo, es desapegarse del 'ego orgulloso'. Debe tenerse una exacta comprensión de ello, por que la humildad es considerada con justicia una de las notas más características del ascetismo y del misticismo cristianos".

Lo antedicho acentúa la subordinación de la vida física, emocional y mental, al proyecto divino de alcanzar la unidad, porque el capricho es una cualidad del mecanismo sensorio, y el orgullo una cualidad de la mente.

El proceso de meditación se divide en cinco partes, cada una conduce sucesivamente a la otra. Tomaremos estas diversas etapas y las estudiaremos por separado, porque al dominarlas podemos atribuir el ascenso constante del hombre espiritual consciente, desde la esfera del sentimiento a la del conocimiento, y de ésta a la iluminación intuitiva. Estas etapas pueden ser brevemente enumeradas:

1. *Concentración.* Es el acto de concentrar la mente, aprendiendo a   enfocarla y a utilizarla.
2. *Meditación.* Es el enfoque prolongado de la atención en una dirección y el firme mantenimiento de la mente sobre cualquiera idea deseada.
3. *Contemplación.* Es una actividad del alma, en forma independiente de la mente, mantenida en estado de pasividad.
4. *Iluminación.* Es el resultado de los tres procesos anteriores, y consiste en hacer descender a la conciencia cerebral el conocimiento adquirido.
5. *Inspiración.* Es el resultado de la iluminación, tal como se manifiesta en la vida de servicio.

Estas cinco etapas, seguidas fielmente, conducen a la unión con el alma y al conocimiento directo de la divinidad. Para la mayoría de quienes emprendan el estudio de la meditación, la etapa que debe absorber su atención durante largo tiempo —casi con exclusión de todas las demás— es la concentración, el control de los procesos mentales. Se supone que existe cierta medida de aspiración, de lo contrario no habría deseo de meditar. Sin embargo, debe señalarse que la aspiración no sirve de nada, salvo que esté apoyada por una fuerte voluntad, la aptitud para perseverar y la paciente persistencia.

I. La Etapa de Concentración.

En todas las escuelas de misticismo avanzado o intelectual, el primer paso necesario es alcanzar el dominio de la mente. En el siglo XIV, Meister Eckhart [4] dijo:

"San Pablo nos recuerda que, por estar hechos a imagen de Dios, podemos alcanzar la visión más alta y verdadera. Para ello es necesario tres cosas, dice San Dionisio. La primera, dominar la propia mente. La segunda, una mente libre. La tercera, una mente capaz de ver. ¿Cómo podemos adquirir esta mente especuladora? Por el hábito de la concentración mental".

Esto está en estricta conformidad con el método oriental, el cual busca que el hombre domine su mecanismo mental a fin de ser él quien lo emplee a voluntad, y no (como ocurre muchas veces) convertirse en la víctima de su mente, impelida por pensamientos e ideas sobre los cuales el hombre no tiene control, ni puede eliminarlos por muy fuerte que sea su deseo de hacerlo.

Las mismas ideas expresadas por Meister Eckhart se encuentran en la antigua Escritura indú, El Bhagavad Gita: [5]

"Krishna, la mente oscila, turbulenta, impetuosa, potente; creo que es tan difícil de sujetar como el viento.

"Sin duda... La mente oscilante es difícil de sujetar; pero mediante asidua práctica.. . se puede sujetar firmemente.

"Cuando tu alma haya pasado más allá de la selva de la ilusión, ya no se tendrá en cuenta lo que se enseñará ni lo que se ha enseñado.

"Cuando abandones la enseñanza tradicional tu alma permanecerá constante y firme en la visión del alma, entonces alcanzarás la unión con el alma".

Por lo tanto el primer paso es el dominio de la mente. Esto significa el poder de hacer que la mente haga lo que uno quiera, piense lo que uno decida y formule ideas y secuencias mentales dirigidas. La función de la mente en la mayoría do los casos es recibir, primeramente, mensajes del mundo externo, por conducto do los cinco sentidos, siendo trasmitidos por el cerebro. Hume dice que "la mente es una especie de teatro donde aparecen sucesivamente varias percepciones". Es el asiento de las funciones intelectuales y un gran centro registrador de impresiones de todo tipo, sobre las cuales actuamos o las rechazamos, si no nos agradan. La mente tiene tendencia a aceptar lo que se le presenta. Las ideas del psicólogo y de la ciencia, respecto a la naturaleza de la mente, son demasiado numerosas para tratarlas aquí. Algunos consideran la mente como una entidad separada; otros como un mecanismo del cual el cerebro y el sistema nervioso son partes integrantes. Una escuela la considera como "una especie de estructura superior, no física... que puede someterse a un estudio estrictamente científico y sujeta a sus propios desórdenes". Unos la miran como una forma del yo, con vida propia, como un mecanismo de defensa construido a través de las edades, como un mecanismo de respuesta a través del cual hacemos contacto con aspectos del universo, que de otra manera serían inalcanzables. Para algunos es simplemente un término vago, que significa aquello con lo cual registramos pensamientos o respondernos a vibraciones, tales como las expresadas en la opinión pública y en los libres escritos en el trascurso de los siglos. Para el esoterista, la mente es simplemente una palabra que representa un aspecto del hombre que responde en una sola dirección —al mundo externo del pensamiento y de los hechos—, pero que podría responder igualmente en otra dirección, es decir, al mundo de las energías sutiles y del ser espiritual. Mantendremos este último concepto al estudiar la técnica de la meditación. El Dr. Lloyd Morgan [6] nos da una síntesis en la cual están incluidas todas las definiciones menores, y dice:

"... la palabra 'mente' puede emplearse en tres sentidos; primero, como mente o espíritu cuando se refiere a alguna actividad, que para nosotros es Dios; segundo, como cualidad que emerge de un alto nivel de evolución; tercero, como un atributo síquico, que compenetra todos los acontecimientos naturales en correlación universal".

Tenemos aquí la idea del propósito divino, la mente universal, y también de esa mentalidad humana que, en la escala de evolución, diferencia al hombre del animal, y además, una referencia a esa conciencia síquica universal, que compenetra a lo animado y a lo inanimado. Como seres humanos consideramos la mente como una cualidad que emerge de un elevado nivel de la evolución. Es un modo o método de contacto, que recibe información de varias fuentes y por diferentes medios. Los cinco sentidos transmiten información gracias a la cual el hombre se da cuenta del mundo de los fenómenos físicos y de la vida síquica en que está sumergido, y también que la mente registra impresiones provenientes de otras mentes y de los pensamientos (antiguos y modernos) de los hombres, que le llegan por medio de la lectura, la palabra hablada, el drama, las imágenes y la música. La mayor parte de esto es simplemente registrada y acumulada, para expresarse más tarde como memoria y presentimiento. Los estados de ánimo, las reacciones emocionales, los sentimientos y deseos, sea de alta o baja calidad, son también registrados por la mente, pero es lo único que ocurre en las personas comunes. Muy poco raciocinio sigue al registro de la información y rara vez se produce una clara formulación de ideas. Una de las funciones de la mente es revestir las ideas con palabras que expresan dichas ideas con claridad, sin embargo, ¡cuán pocas personas tienen ideas o pensamientos realmente inteligentes! Sus mentes responden a lo que les llega del mundo externo, pero no tienen actividades inherentes o autoiniciadas.

Por lo tanto, el proceso que actualmente controla en el caso del hombre común, es desde el mundo externo hacia dentro, a través de los sentidos, al cerebro. El cerebro entonces telegrafía a la mente la información registrada, la cual a su vez, la registra, y ahí termina generalmente el incidente.

Pero en el caso de los que verdaderamente piensan, ocurre algo más. Después del registro viene el análisis del incidente o información; se correlaciona con otros incidentes y se procede a un estudio de la causa y el efecto. La "sustancia mental", como la llama el oriental, es impulsada a la actividad; se crean imágenes y formas mentales en relación con la idea presentada. Entonces, si lo desea, el claro pensamiento del hombre se imprime en el cerebro y se establece una actividad recíproca. Pero el místico y el hombre que empieza a meditar descubren algo más. Encuentran que la mente, dirigida y disciplinada adecuadamente puede responder en forma más amplia y profunda y hasta llegar a darse cuenta de ideas y conceptos procedentes de una esfera profundamente espiritual, comunicados por el alma. En vez de llegar impresiones de la vida diaria externa, registradas en la sensible placa receptora de la mente, llegarán del reino del alma, cuya causa es la actividad de la propia alma del hombre, o de otras almas con las cuales está en Contacto su alma.

Entonces la mente adquiere una nueva y renovada utilidad y su campo de contacto no sólo abarca el mundo de los hombres, sino también el de las almas. La función de la mente, en tales condiciones, es actuar como intermediaria entre el alma y el cerebro, y trasmitir a éste lo que el hombre como alma ha percibido. Ello es posible cuando las antiguas actividades mentales son reemplazadas por actividades superiores y cuando la mente es momentáneamente insensible a todas las impresiones externas. Sin embargo, esto no se obtiene empleando métodos para hacer a la mente pasiva y receptiva, ni por el sistema de dejar la mente en blanco, o aturdiéndola para hacerla negativa; tampoco por otras formas de autohipnotismo. Se produce por la fuerza expulsiva de un nuevo y más grande interés y por la centralizada atención de las facultades mentales, enfocadas en un nuevo mundo de fenómenos y de fuerzas. Éste es el sistema de concentración y el primero y más difícil paso hacia la iluminación de la vida.

La palabra "concentración" deriva de las palabras latinas "con", con, y "centrare", centrar. Significa "reunir o traer a un centro común o punto focal"; supone reunir nuestros pensamientos e ideas dispersos y mantener la mente firme y fijamente enfocada o centrada, en el objeto de nuestra atención inmediata, sin desviación ni distracción. Implica la eliminación de todo lo externo o extraño al asunto en observación. Patanjali[7] la define así: "La concentración consiste en fijar la sustancia mental en un objeto determinado".

Esto necesariamente involucra la diferencia entre el pensador, el mecanismo de pensamiento y lo que el pensador va a considerar. Por lo tanto debemos establecer la diferencia entre quien piensa y aquello que se emplea para pensar, la mente. Luego viene el tercer factor, sobre qué se piensa.

Los estudiantes harán bien, desde el comienzo de la meditación, en aprender a establecer claramente estas diferenciaciones básicas y cultivar el hábito diario de hacer estas distinciones. Hay que distinguir siempre entre:

El pensador, el verdadero yo o alma.

2.   La mente, o el mecanismo que el pensador trata de utilizar.

3.   El proceso de pensar, o la tarea del pensador al imprimir en la mente (cuando está equilibrada) lo que está pensando.

4.   El cerebro, que a su vez es impresionado por la mente, actuando como agente del pensador, a fin de trasmitir impresiones e información.

Concentración es el poder de enfocar la conciencia sobre un tema dado y mantenerla allí todo el tiempo deseado; es el método de percibir con exactitud y el poder de visualizar correctamente; cualidad que permite al pensador percibir y conocer el campo de percepción. Otra palabra para la concentración es atención, es decir, atención enfocada en una sola dirección. Es interesante notar lo que el Padre Maréchal [8] dice a este respecto. Indica que "la atención es un sendero directo hacia la plena percepción, la alucinación, o, por lo general, hacia la creencia... Produce la unificación, al menos momentánea, de la mente, debido al predominio de un grupo mental... Pero esta 'unidad mental' realizada hasta cierto grado en el fenómeno de la atención, es también la única condición subjetiva que, como hemos visto, acompaña siempre a la percepción, verdadera o falsa, de lo real".

Se preguntarán cuál es el método más fácil para aprender a concentrarse. Se podría responder con palabras del proverbio francés: "Le meilleur moyen de déplacer est de remplacer" — " el mejor modo de eliminar es sustituir", y uno de los mejores medios es utilizar lo que se ha llamado "el poder expulsivo de un nuevo afecto". Interesarse profundamente en algún asunto nuevo e intrigador y enfocar la atención en un tema nuevo y dinámico, automáticamente tiende a dar a la mente una sola dirección.

Otra respuesta podría ser: concentrarse todos los días en lo que se hace durante el día. La concentración se desarrolla rápidamente si se cultiva el hábito de la exactitud en todas las cosas de la vida. Para hablar con más precisión es necesario poner cuidadosa atención en lo que decimos, leemos u oímos, y esto necesariamente implica concentración, por eso debe ser desarrollada. La verdadera meditación, después de todo, es una actitud mental, y derivará de una actitud concentrada.

Por consiguiente, el objetivo de nuestros esfuerzos consiste en entrenar la mente para que sea nuestro servidor, no nuestro amo, y cultivar el poder de concentración, preparatorio para la práctica de la verdadera meditación. El estudiante ansioso aplicará esta cuidadosa atención a los asuntos de la vida diaria, y así aprenderá a regular su mente como mecanismo de sus pensamientos.

Permítanme hacer hincapié sobre la necesidad de una actitud constantemente concentrada hacia la vida. El secreto del éxito puede expresarse en estas simples palabras: ¡Presten atención! Al hablar con las personas, leer un libro o escribir una carta, enfoquen firmemente los pensamientos en lo que hacen y gradualmente desarrollarán la capacidad de concentrarse.

A esta actitud cultivada debe agregársele definidos ejercicios de concentración, practicados diariamente con perseverancia. Esto consiste en fijar la mente en un objeto determinado, o tema elegido de reflexión. Le sigue el proceso de aprender, constante y serenamente, a abstraer la conciencia del mundo externo y de las condiciones exotéricas, y enfocarla a voluntad sobre cualquier tema.

La práctica regular y constante de la concentración diaria, gradualmente supera la dificultad a ejercer control y puede traer los siguientes resultados:

1.   Reorganizar la mente.
2.   Polarizar al individuo en el vehículo mental en vez del emocional.
3.   Apartar la atención de las percepciones sensorias, aprendiendo a centrarse en el cerebro. La mayoría de las personas, igual que los animales, utilizan el plexo solar.
4.   Desarrollar la facultad de concentrarse instantáneamente, como preliminar de la meditación.
5.   Permitir el enfoque de la atención indesviablemente sobre cualquier pensamiento simiente elegido.

II. La Etapa de La Meditación.

Patanjali define la concentración como el mantenimiento de la conciencia perceptora en cierta zona, y la meditación como el mantenimiento prolongado de la conciencia perceptora también en cierta región. Ello implica simplemente una diferencia en el factor tiempo y parecería que ambas etapas fueran la adquisición del control. Mediante la práctica de la concentración el estudiante deberá lograr el suficiente control a fin de no tener que reunir continuamente sus pensamientos dispersos. Por lo tanto, la concentración prolongada ofrece oportunidad a la mente para actuar sobre cualquier objeto, dentro del círculo infranqueable de la zona elegida. La elección de una palabra o de una frase como tema de meditación, establece este "círculo infranqueable", y si la meditación se practica en forma correcta, la mente nunca se aparta del tema elegido, se mantiene enfocada y continuamente activa, durante todo el período de meditación. Además, no debe permitirse a la mente hacer lo que le plazca con el tema o pensamiento simiente. Durante la concentración, el que medita debe estar en todo momento consciente de que utiliza su mente. Durante la meditación, desaparece la conciencia de que se está utilizando la mente, pero no se debe soñar despierto ni seguir el hilo de las ideas relacionadas con el tema, surgidas al azar. El pensamiento simiente se elige con un propósito —sea por su efecto sobre quien medita, o por el servicio dedicado a otra persona, o en relación con alguna obra espiritual, o en alguna fase de la búsqueda de la sabiduría. Si el proceso tiene éxito, produce en quien medita poca o ninguna reacción, sea ésta placentera o no. Si se trascienden las reacciones emocionales, la mente, por propio derecho, puede actuar libremente. El resultado es una claridad mental nunca lograda anteriormente, porque la actividad común de la mente está siempre asociada a algún deseo, o es afectada por éste. En tal estado de conciencia se trasciende el deseo, así como más adelante se trasciende el pensamiento en la etapa de contemplación. Cuando la mente se aturde hasta la inacción, sea por inhibición o por repetición persistente, no puede ser trascendida en la contemplación ni utilizada en la meditación. La práctica de dejar la mente en blanco no sólo es tonta, sino realmente peligrosa.

En los Aforismos de la Yoga de Pantajali encontramos las siguientes palabras:

"La gradual conquista de la tendencia de la mente de saltar de 'un objeto a otro y el poder de enfocarla en una sola dirección, produce el desenvolvimiento de la contemplación".

La meditación es el resultado de la experiencia, el logro instantáneo de una actitud de la mente, consecuencia de largas prácticas. En el Bhagavad Gita, [10] se dice que en toda acción están implicados los siguientes cinco factores:

1. El instrumento material ....el cerebro.
2. El que obra...el yo.
3. El órgano ....la mente.
4. El impulso...la energía
5. El destino ....el karma".

La meditación es una actividad muy intensa y, como se verá, están implicados los cinco factores mencionados. El instrumento material a emplearse en la meditación es el cerebro físico. Muchos creen que deben trascender el cerebro, alcanzar una gran altura y quedarse en el pináculo de algún pensamiento, hasta que suceda algo trascendental, y poder decir entonces que conocen a Dios. Lo que realmente se necesita controlar son los procesos mentales y cerebrales, para convertir al cerebro en un receptor sensible a los pensamientos y deseos del alma, el yo superior, al trasmitirlos por conducto de la mente, considerando a ésta como un sexto sentido y al cerebro como placa receptora. Utilizamos los cinco sentidos como avenidas de percepción que telegrafían constantemente información al cerebro, por cuyo intermedio el hombre tiene a su disposición informes sobre cinco vastos campos de conocimiento o cinco escalas de vibración. Se trata ahora de que la mente sirva un objetivo similar. Esto lo comprendía Franz Pfeiffer en *Meister Eckhart*, [11] y personifica la posición de todos los místicos en ambos hemisferios:

"Primero, procúrese que los sentidos externos estén debidamente controlados... Luego obsérvense los sentidos internos o los nobles poderes del alma, inferior y superior. Tómense primero los poderes inferiores, los intermediarios entre los poderes superiores y los sentidos externos. Los poderes inferiores, son activados por los sentidos externos; lo que el ojo ve y el oído oye, lo ofrecen al deseo que, a su vez, lo brinda en el trascurso al segundo poder, llamado 'juicio', el cual lo considera y lo pasa al tercer poder, el razonamiento...

"El hombre debe tener, además, la mente aquietada... el cuerpo descansado del trabajo corporal, no sólo las manos, sino la lengua y los cinco sentidos. El alma se mantiene más despejada en el silencio, pero en un cuerpo cansado a menudo queda dominada por la inercia. Entonces, tenaz y esforzadamente, tratar, con amor divino, de alcanzar la visión intelectual hasta abrirnos camino a través de los sentidos, y ascender más allá de nuestra mente, a la maravillosa sabiduría de Dios... Al elevarse el hombre a la cumbre de su mente él es el excelso Dios".

Valiéndose de la mente como instrumento dirigido, el alma puede manipular los impulsos o corrientes de pensamientos. Estas fuerzas fluyen en el campo de la experiencia del pensador, el cual debe aprender a dirigirlas conscientemente y a trabajar con ellas, a fin de producir los resultados deseados.

El quinto factor nos recuerda que debe alcanzarse cierta etapa de desarrollo evolutivo, antes de poder en verdad meditar, haber hecho cierto trabajo y alcanzado cierto refinamiento en nuestro instrumento, antes de poder meditar inteligentemente sin peligro. No todos están equipados para meditar y obtener éxito, lo cual no debe desalentar a ningún estudiante. Siempre se puede empezar y preparar sólidos cimientos, controlar los procesos mentales y ser llevados a un elevado punto de realización, haciendo posible que el alma disponga de un mecanismo mental para ser utilizado. En todo el proceso descrito se ha estudiado la naturaleza física o forma, al reaccionar a las tres etapas de la meditación, de manera unificada; se ha considerado la cualidad que la anima y el móvil o causa de la manifestación de la forma. También se ha producido una concentración cada vez más profunda y una meditación más intensa. La atención se ha dirigido cada vez más hacia dentro y se ha prescindido de lo externo. Todo esto no se ha logrado mediante una actitud pasiva, sino por el más agudo y vital interés. La meditación ha sido positiva en su método y no ha Llevado a una condición negativa o de trance. La mente ha estado ocupada todo el tiempo, pero en una sola dirección.

Llega finalmente a la etapa denominada bienaventuranza o identificación. La conciencia ya no se enfoca en el intelecto, se identifica con el objeto de la meditación. Esto lo consideraremos más adelante.

Tenemos, por consiguiente, las cuatro etapas brevemente resumidas, las cuales constituyen lo que se llama "meditación con simiente".

1.   Meditación sobre *la naturaleza* de determinada forma.
2.   Meditación sobre *la cualidad* de determinada forma.
3.   Meditación sobre *el propósito* de determinada forma.
4.   Meditación sobre *la vida que anima* a determinada forma.

Todas las formas son símbolos de la vida inmanente, y por la meditación con simiente llegamos al aspecto vida.

En Tratado sobre Fuego Cósmico [12] se encuentran las siguientes palabras:

"El estudiante inteligente considerará que todas las formas de expresión son símbolos. Un símbolo tiene tres interpretaciones; representa la expresión de una idea, y esa idea tiene detrás de sí, a su vez, un propósito o impulso aún inconcebible. Las tres interpretaciones de un símbolo pueden ser consideradas de la manera siguiente:

1.   La interpretación exotérica de un símbolo se basa, en gran medida, en su utilidad objetiva y en la naturaleza de la forma. Lo que es exotérico y sustancial sirve a dos propósitos:

a.   Dar algunas vagas indicaciones respecto a la idea o concepto. Esto vincula el símbolo... con el plano mental, pero no lo libera de los tres mundos de la comprensión humana.

b.   Limitar, confinar y aprisionar la idea, adaptándola así al grado de evolución alcanzado por el hombre, La verdadera naturaleza de la idea latente es siempre más poderosa, completa y plena, que la forma o símbolo por medio del cual trata de expresarse. La materia sólo es el símbolo de una energía central. Cualquier tipo de forma en todos los reinos de la naturaleza, y la totalidad de los vehículos manifestados, en su más amplio significado, sólo son símbolos de la vida —lo que esa Vida puede ser, continúa siendo un misterio.

2. La interpretación subjetiva o significado, revela la idea subyacente en la manifestación objetiva. Esta idea, incorpórea en sí, llega a concretarse en el plano de la objetividad. Estas ideas son evidentes para el estudiante, después que ha practicado la meditación, así como las formas exotéricas del símbolo, es toda lo que puede ver el hombre que recién comienza a practicarla. En cuanto el hombre emplea conscientemente su mecanismo mental y ha hecho, aunque sea, un pequeño contacto con su alma» Ocurren tres cosas:

c.   Va más allá de la forma y trata de justificarla.
d.   Llega con el tiempo hasta el alma que ocultan todas las formas, y lo hace por medio del conocimiento de su propia alma.
e.   Comienza entonces a formularse ideas, a crear y a manifestar esa energía del alma o sustancia, que puede manipular.

"Enseñar a las personas a trabajar con materia mental es prepararlas para la creación; enseñarles a conocer la naturaleza del alma es ponerlas en contacto consciente con el aspecto subjetivo de la manifestación, otorgándoles el poder de trabajar con la energía del alma; capacitarlas para desarrollar los poderes del aspecto alma, es sintonizarlas con las fuerzas y energías ocultas... en los reinos de la naturaleza.

"El hombre puede —cuando hace contacto con su alma y fortalece y desarrolla su percepción subjetiva— convertirse entonces en un creador consciente, colaborando con los planes de la evolución y de Dios. A medida que cursa las diferentes etapas, se acrecienta su habilidad para trabajar y su capacidad para alcanzar el pensamiento que subyace detrás de todos los símbolos y formas. Ya no lo engañan las apariencias, pues las conoce como formas ilusorias que velan y aprisionan algún pensamiento.

3. El significado espiritual es lo que se halla detrás del sentido subjetivo, velado por la idea o el pensamiento, así como la idea está velada por la forma que asume en la manifestación exotérica, lo cual puede ser considerado como el propósito que engendró la idea y la condujo a su surgimiento en el mundo de las formas. La energía dinámica central es responsable de la actividad subjetiva."

Este proceso de llegar a la realidad tras todas y cada una de las formas, es el resultado de la meditación con simiente. Implica la comprensión de los tres aspectos de la Vida divina. Por eso se recomienda a los estudiantes que, para la meditación, tomen algunas palabras específicas o un versículo de algún libro sagrado, a fin de desarrollar el poder de llegar detrás de la forma de las palabras y alcanzar su verdadero significado.

Hemos penetrado en el mundo de las causas; ahora debemos tratar de captar el Plan, tal como existe en la Mente de Dios y como lo expresa el amor que emana del Corazón de Dios. ¿Es posible para las mentes humanas llegar más allá del amor y voluntad de Dios? Justamente aquí es donde se establece contacto con la Divinidad. La mente cesa de actuar y el verdadero estudiante de la meditación se desliza hacia un estado de identificación consciente con la realidad espiritual, denominada el Cristo interno, el Alma divina. En este punto es donde el hombre penetra en Dios.

Notas:

1.   La Luz del Alma, Libro II, Af. 1, 2.
2.   Onward and Upward,   pág. 508 (Oxford Book of English Mystical Verse).
3.   Studies in the PsychoLogy of the Myjstics, pág. 166.
4.   Meister Eckhart, págs. 196-197, Franz Pfeiffer.
5.   Bhagavad Gita, VI: 34-35; II 52-53.
6.   Emergent Evo!ution, pág. 37.
7.   La Luz del Alma, Libro III, Af. 1. Alice A. Bailey.
8.   Studies in the Psychology of the Mystics, pág. 90.
9.   La Luz del Alma, Libro III, Af. 11.
10.   Bhagavad Gita, Libro XVIII: Af. 13, 14.
11.   Meister Eckhart, pág. 279, 47, de Franz Pfeiffer.
12.   Tratado sobre Fuego Cósmico, págs. 964, 65, 66, de Alice A. Bailey

CAPÍTULO SEXTO

ETAPAS DE LA MEDITACIÓN

(Continuación)

Milarepa finalmente se desprendió de la Doble sombra y se remontó al Espacio espiritual hasta que alcanzó la Meta, donde todas las doctrinas se fusionan, unificándose... Habiendo fusionado las ideas y conceptos en la Causa primera, (él) eliminó la Ilusión de la Dualidad.

RECHUNG (extraído del libro *EL Tibetano*)

HEMOS llevado a cabo la práctica de la meditación, de acuerdo a lo que podrían llamarse líneas seculares, porque implica el empleo de la mente, y aunque se supone que el tema de la meditación ha sido religioso, los mismos resultados se hubieran alcanzado con un tema puramente mundano, como objeto o "pensamiento simiente" de la misma. Nuestra finalidad ha sido educar la mente a mantenerse atenta en una idea elegida. Por lo tanto, nos hemos ocupado de lo que legítimamente podría llamarse parte del proceso educativo.

Aquí es donde se evidencia la divergencia entre los métodos oriental y occidental. Una de estas escuelas enseña, antes que nada, a controlar el mecanismo del pensamiento, a descubrir su existencia principalmente por la falta de control y, luego, mediante la concentración y la meditación, a adquirir la facilidad de obligar a la mente a centralizarse en cualquier dirección. Otras escuelas enseñan que poseemos algo denominado mente, y comienzan a llenarla de información y a entrenar la memoria para que tenga retentiva, y el estudiante disponga fácilmente de su contenido. Son relativamente pocos los que de esta etapa pasan al correcto empleo de la mente, interesándose profundamente en alguna ciencia o modo de vida, pero la mayoría nunca consigue controlarla. Los métodos educativos tales como los actuales, no enseñan al estudiante esta técnica preliminar, de ahí la gran confusión que existe acerca de la naturaleza de la mente y la diferenciación entre la mente y el cerebro.

Si el cerebro y las células cerebrales son todo lo que hay, la posición del pensador materialista, cuando dice que el pensamiento depende totalmente de la calidad de las células cerebrales, es lógica y correcta. La parte que el cerebro juega está hábilmente expuesta en la obra de Ludwig Fischer: [1]

"El perfeccionamiento del proceso de captación depende principalmente de la estructura y del funcionamiento de cierto órgano que recibe y relaciona las diferentes impresiones de los sentidos y retiene, además, parcialmente, los vestigios de impresiones anteriores, permitiéndoles indirectamente entrar en acción. Este órgano es el cerebro, con sus ramificaciones y órganos subsidiario. El perfeccionamiento de la estructura y el funcionamiento de este órgano determina la perfección con que podemos lograr deliberadamente el intento de producir una representación de la complejidad del Todo, empleando las formas específicas de la percepción sensoria que están a nuestra disposición...

"El cerebro permite tener una intuición y captación intelectual de la complejidad del mundo. La manera en que esto se produce depende de la excesivamente complicada estructura interna de este órgano y su relación recíproca con otras partes del Todo, relación que tiene muchas graduaciones".

Si la percepción y la captación sensoria con el consiguiente racionalismo y la institución del subsiguiente proceso mental tienen su origen en el cerebro, entonces el Dr. Sellers [2] tiene razón en su libro cuando dice que se puede considerar a la mente como "categoría física" y que "debería significarse con ello los procesos nerviosos que se expresan como conducta inteligente".

Pero este concepto no satisface a la mayoría de los pensadores, *y* muchos de ellos, pertenecientes a otras escuelas —que no son puramente materialistas—, afirman que hay algo más que la materia y consideran a la mente como distinta del cerebro; sostienen la hipótesis de que es una realidad subjetiva sustancial, capaz de utilizar el cerebro como terminal de expresión, susceptible de ser impresionado para expresar los conceptos e intuiciones que un hombre puede utilizar conscientemente. Lo que consideramos no es en manera alguna una facultad supernormal o la posesión de un mecanismo especializado, por unos pocos privilegiados; la mente debería ser empleada por las personas cultas, y al finalizar el proceso educativo (llevado a cabo en los años de formación) el hombre debería poseer una facultad que comprenda y emplee a voluntad. El Dr. Mac Dougall [3] indica que la actividad mental (usualmente inconsciente) puede ser subnormal, normal o supranormal. En el primer caso se tendrá al idiota o tonto, en el segundo, al ciudadano común inteligente, cuya mente es un teatro, o más bien un cinematógrafo que registra todo lo que se presenta; finalmente, descubrimos en el tercer caso las contadas almas cuya conciencia está iluminada y cuyas mentes registran lo que está oculto para la mayoría. Con estas últimas nada tenemos que ver. Son el producto de las etapas finales de la meditación —la contemplación y la iluminación. La concentración y la meditación se refieren específicamente a la mayoría y a los normales.

En Oriente, y muchas personas en Occidente, consideran la mente como algo separado y distinto del cerebro. El Dr. C. Lloyd Morgan [4] cita a Descartes, donde dice "existe realmente (1) sustancia corpórea *(res extensa)* y (2) sustancia mental o pensante *(res cogitans),* pero para existir necesitan la ayuda de Dios... Aparte de esta dependencia común de Dios, ninguna de las dos depende de la otra". El Dr. Morgan [5] resume su propio punto de vista como sigue:

"El espíritu no es en manera alguna separable de la vida y de la mente, ni éstas lo son de aquél. Lo que se da como contemplación reflexiva es un plan mundial de acontecimientos naturales. Mantengo que este plan mundial es una manifestación del propósito divino... Además, somos manifestaciones del espíritu que se 'revela' en nosotros. Cada uno de *nosotros es* una vida, una mente y un espíritu —un ejemplo de vida como expresión del plan mundial, y de mente como expresión distinta de ese plan mundial del espíritu, en lo que la sustancia de ese plan mundial se revela en nosotros... Esta revelación es sólo parcial, pues cada uno de nosotros es sólo un ejemplo individual de lo que en plena manifestación es universal".

Dios revela su propósito mediante la actividad de la forma. Lo mismo hace a través de la actividad de la mente, que a su vez impresiona al cerebro, sintonizado al punto de receptividad. Más tarde la mente responde a una iluminación que emana del aspecto espíritu, lo cual se considerará más adelante. Esto se acerca mucho al punto de vista oriental, que supone la "sustancia mental" puesta en actividad desde el mundo externo de la actividad humana por medio de los sentidos, las emociones y otras mentes. Esta intensa actividad de la sustancia mental debe ser definidamente contrarrestada por la concentración y la meditación, si se quiere que la mente alcance una condición en que se pueda reenfocar y reorientar hacia otro campo de percepción y otro orden de ideas. Por lo tanto, para el esoterista, el objeto de la meditación (llevada a las etapas finales) es que la mente cese de registrar toda forma de actividad, no importa cuán elevada sea, y en cambio empiece a registrar impresiones que emanan de ese factor, en constante manifestación, llamado (a falta de términos más adecuados) la Mente de Dios, la Mente Universal. Esta mente se caracteriza por un sentido de plenitud y de síntesis.

Toda la historia evolutiva de la humanidad puede considerarse desde el ángulo de este concepto del Plan y podría verse que el foco de interés se cifra en una acrecentada conciencia en el hombre, de un Universo que es la revelación de una Vida y de una Deidad, y donde el género humano desempeña su parte en el Todo mayor. Ludwing Fischer [6] llama nuestra atención al hecho de que todas nuestras facultades "están fundadas en algo misterioso inconsciente que domina el conjunto de nuestra vida intelectual", y señala la necesidad de lo que él llama elemento no racional, en las respuestas que damos a los complejos interrogantes de todos los días. Sus conclusiones respecto a la situación básica que el hombre debe enfrentar en relación con el pensamiento y con nuestro progreso hacia regiones más elevadas e irracionales, son exactas y concluyentes, y dice:

"Sólo es posible un camino de avance. El camino se recorre bajo la guía de la intuición de las mentes cuya sensibilidad instintiva es mayor de lo común; sigue la razón analítica que consolida la posición y hace el camino practicable para el resto de la humanidad. El progreso hacia lo desconocido empieza con una hipótesis, y una hipótesis sólo es una estructura más o menos irracional, obtenida intuitivamente. Una vez establecida, se la compara en todas sus implicaciones con la experiencia, de manera que la hipótesis sea en lo posible comprobada y razonada".

Al estudiar el proceso del control de la mente llegamos a un punto en que debemos proseguir basados en una hipótesis. No obstante, será primeramente una hipótesis sólo para los de mente materialista, pues las conclusiones a que se llega y la esfera del conocimiento en que se penetra, han sido aceptadas como verdades y hechos probados, por muchos miles de personas en el trascurso de las edades.

He delineado un método, antiguo y probado, por el cual, según se afirma, la mente puede ser captada y utilizada a voluntad, y he indicado un medio por el cual se puede prescindir de los factores que han absorbido su atención hasta ahora, lo cual posibilita la entrada en un nuevo campo de percepción. Antes de continuar con las instrucciones será útil definir la hipótesis sobre la cual proseguiremos. Podemos expresarla de la manera siguiente:

Existe un reino del alma, llamado a menudo el reino de Dios, que en realidad es otro reino de la naturaleza, el quinto reino. La entrada en este reino es un proceso tan natural como lo ha sido, en el proceso de la evolución, el tránsito de la vida evolutiva de cualquier reino de la naturaleza a otro. Cuando los sentidos, y todo lo que ellos imparten, están enfocados en ese "sentido común" que místicos como Meister Eckhart le adjudicaron a la mente, lo enriquecen y le abren muchos estados de percepción. Cuando pueden rechazarse estas actividades y la mente enriquecida y sensible puede a su vez reenfocarse, se convierte en un mecanismo sensible (un sexto sentido, si quieren); registra "las cosas del reino de Dios" y abre al hombre, en profunda meditación, estados de conciencia y esferas de conocimiento hasta entonces cerrados para él, pero que son parte del Todo y del contenido del mundo como cualquier otro campo de investigación. Esta es nuestra hipótesis y sobre ella proseguiremos. Teniendo en cuenta que la percepción instintiva ha cedido su lugar al conocimiento intelectual, ¿no sería posible que esta percepción intelectual sea, a su vez, trascendida y reemplazada por la conciencia intuitiva?

A esta altura de nuestro argumento, y siendo quizás de valor dilucidar el tema de este libro, parecen necesarias ciertas proposiciones, y son tres:

Primero: En el largo proceso evolutivo que ha elevado al hombre de la etapa animal a la del ser humano, descubrimos que hemos llegado a la fase en que es consciente de sí mismo. Permanece en el centro de su propio mundo y el universo gira a su alrededor. Todo lo que ocurre se relaciona con él y sus asuntos, siendo el factor importante y el efecto que la vida y las circunstancias producen sobre él.

Segundo: A medida que el hombre acrecienta su conocimiento y percepción intelectual, el cerebro y la mente se coordinan. El primero es simplemente la herramienta o instrumento de los instintos entrenados y de la mente controlada, la cual extrae, de lo que se ha llamado "el contenido del subconsciente", de la memoria activa y del medio ambiente, lo que necesita para llevar adelante el proceso de vivir en un mundo exigente. El hombre se convierte en un ser humano eficiente y útil, y ocupa su lugar como célula consciente en el cuerpo de la humanidad. Comienza a comprender algo de las relaciones grupales, pero hay algo más.

Tercero: Desde las primeras etapas de la existencia humana hasta la del hombre superior altamente coordinado, ha existido siempre una conciencia de algo diferente, de un factor que está más allá de la conocida experiencia humana, y de una meta, búsqueda o deidad. Esta percepción sutil o indefinible, surge inevitablemente y hace que el hombre trate siempre de avanzar buscando aquello que la mente (tal como se la conoce), las circunstancias o el medio ambiente, no pueden proporcionarle. A esto se lo puede denominar *la búsqueda de la certidumbre*; el esfuerzo por lograr la experiencia mística o el impulso religioso, no importa cómo se lo denomine, está infaliblemente presente.

Estas tres proposiciones delinean someramente el camino que el hombre ha recorrido en su conciencia. Representan la condición en que se encuentra un vasto número de seres humanos en la actualidad —eficientes, intelectuales, bien informados, responsables, pero al mismo tiempo descontentos. Dudan del futuro o enfrentan la inevitabilidad de la muerte; anhelan avanzar hacia una conciencia más amplia, llegar a una seguridad de las cosas espirituales y a la Realidad final. Este anhelo de una comprensión y conocimiento más amplios, está siendo demostrado en gran escala en la actualidad, y la secuencia del crecimiento evolutivo, ya establecido, persiste evidentemente y deberá persistir, si queremos agregar otro reino o estado de conciencia a los ya alcanzados.

En este punto todas las grandes religiones del mundo ofrecen al hombre una senda de conocimiento y un proceso de desenvolvimiento capaz de apresurar, y apresura, el trabajo de desarrollo. El Dr. Rudolf Otto [7] dice: "el hombre debe ser guiado y conducido a través de los caminos de su propia mente, por la consideración y discusión de los temas, hasta llegar a un punto en que el 'nóumeno' en él, empiece forzosamente a vibrar y a iniciar la vida y la conciencia".

La palabra nóumeno se dice que viene del latín *numen*, que significa poder divino sobrenatural y también "la captación religiosa específica e irracional y su objetivo, en todos sus niveles, desde los primeros síntomas imperceptibles, donde la religión, apenas puede decirse que existe, hasta las formas más excelsas de la experiencia espiritual". [8]

Su traductor, el Dr. Harvey, profesor de filosofía en el Instituto Armstrong, añade que se desarrolla en el hombre una "creciente percepción de un objeto, deidad..., una respuesta, por así decir, al impacto de 'lo divino' en la mente humana revelándose en forma oscura o clara. El hecho primario es la confrontación de la mente humana con un Algo, cuyo carácter se aprende, sólo gradualmente, pero que desde el principio se siente como una presencia trascendente, 'el más allá', hasta que es sentida como 'el hombre interno'". [9]

Mediante la atención al propósito de la vida, la concentración sobre el trabajo en la vida, el vivo interés en las ciencias, que ocupan la atención de nuestras mejores mentes, y la meditación, tal como la practican algunos en la esfera religiosa, muchos han alcanzado ese punto en que ocurren dos cosas: una, la idea de lo santo, del Ser, y de la relación con ese Ser, presentándose como factores dominantes en la vida; la otra, que la mente comienza a manifestar una nueva actividad. En vez de registrar y acumular en la memoria los contactos que los sentidos han comunicado, y de absorber esa información que constituye, por medio de libros y de la palabra hablada, la herencia cotidiana, se reorienta hacia un nuevo conocimiento y empieza a extraer de nuevas fuentes de información. El instinto y el intelecto han efectuado su trabajo; empieza entonces la intuición a desempeñar su parte.

Llegamos a este punto por la práctica de la meditación, de la cual nos hemos ocupado, y para la cual nos ha preparado la educación de la memoria y la clasificación del conocimiento mundial, los que han tenido ya su período preponderante. Para millares de personas constituye un nuevo esfuerzo. ¿No será posible que para esas almas que vienen hoy al mundo de la experiencia, sean insuficientes la antigua educación, con su entrenamiento de la memoria, los libros, las conferencias y la apropiación de los denominados hechos? Para ellas tendremos que formular un nuevo método, o modificar la actual técnica y encontrar tiempo para dedicarlo al proceso de reorientación mental, que permitirá al hombre ser consciente en otros campos del conocimiento, además de los ya conocidos. Así demostraron la verdad las palabras de Mr. Chaplin: [10] "... los procesos corporales alcanzan su significación a través del alma".

Ante el hombre se presenta hoy la conquista del reino del alma. Se acerca el día en que la palabra *psicología* volverá a tener su significado original. La educación tendrá entonces dos funciones: preparar al hombre para manejar sus asuntos mundanos con máxima eficiencia y utilizar inteligentemente el mecanismo que el psicólogo conductista tanto ha hecho por explicar, a la vez que lo introducirá en ese reino del que los místicos siempre testimoniaron su existencia, y del que la mente, correctamente empleada, tiene la llave.

En el capítulo anterior se trató el método por el cual el hombre puede empezar a dominar su instrumento, la mente, y aprender a enfocar su pensamiento sobre el tema o idea elegida, para poder dejar fuera o rechazar, todos los conceptos externos y cerrar herméticamente la puerta al mundo fenoménico. Consideraremos cómo se podría elevar cada vez más el pensamiento enfocado (usando el lenguaje del místico), hasta que la mente misma falle y el hombre se encuentre en la cima del pensamiento, desde la cual pueda vislumbrar un nuevo mundo. En el proceso de la meditación hasta esta etapa, ha habido una intensa actividad y no una condición de quietud, negatividad o receptividad pasiva. El cuerpo físico ha sido olvidado y el cerebro mantenido en un estado de receptividad positiva, preparado para entrar en acción, impulsado por la mente, en cuanto ésta dirige su atención hacia abajo. Debe recordarse que al emplear expresiones tales como: "hacia arriba", "hacia abajo", "más alto" o "más bajo", se habla simbólicamente. Una de las primeras cosas que el místico aprende es que en la conciencia no existen dimensiones y que "lo interno y lo   externo, lo inferior y lo superior", sólo son figuras gramaticales, mediante las cuales se trasmiten ciertas ideas respecto a los conocidos estados de percepción.

El punto alcanzado lleva al borde de lo trascendental. Seguiremos basados en la hipótesis. Lo tangible y objetivo se olvida momentáneamente y ya no absorbe la atención, y tampoco ningún tipo de sensación constituye el objetivo. Por el momento, toda índole de sensación debe rechazarse. Las pequeñas molestias y cosas análogas deben, lo mismo que la tristeza, olvidarse, así como también el gozo, pues no buscamos "el consuelo de la religión". La atención está enfocada en la mente, y las únicas reacciones que se registran son mentales. El pensamiento ha dominado la conciencia durante la etapa de la "meditación con simiente", o con un objeto, pero hasta esto debe desaparecer. Según dice un escritor místico: "¿Cómo podré dejar la mente fuera de la mente?". Debido a que mi objetivo no es sensación ni sentimiento, tampoco es pensamiento. Aquí está el obstáculo más grande para llegar a la intuición y al estado de iluminación. No debe prolongarse por más tiempo el intento de mantener algo en la mente, ni tampoco pensar en nada. Debe dejarse de lado el razonamiento y ocupar su lugar el ejercicio de una facultad superior, hasta entonces probablemente no utilizada. El pensamiento simiente ha atraído nuestra atención y despertado nuestro interés, y éste se ha sostenido durante la fase de la concentración. Se prolonga también durante la contemplación, siendo la iluminación el resultado de esta última. Tenemos aquí un breve resumen de todo el proceso: atracción, interés, atención concentrada, reflexión prolongada y centralización o meditación.

¿Cuáles han sido los resultados del proceso de la meditación hasta este punto? Se enumerarán, porque los resultados deberían:

1.   Reorganizar la mente y reorientarla.
2.   Centralizar la atención del hombre en el mundo del pensamiento en vez del mundo del sentimiento y, de allí, apartar el foco de atracción de los sentidos.
3.   Desarrollar la facultad de concentración instantánea, como preliminar para la meditación, y la capacidad de enfocar la mente indesviablemente sobre cualquier asunto elegido.

Evelyn Underhill [11] define esta facultad como:

"El acto de concentración perfecta, el apasionado enfoque del yo en un solo punto, cuando se aplica a la 'unidad del espíritu y a los lazos del amor', a cosas reales y trascendentales, constituye en el lenguaje técnico del misticismo, el estado de meditación o recopilación..., preludio necesario para la contemplación pura".

III.   La Etapa de la Contemplación.

Entramos ahora en la esfera del conocimiento, obstaculizada por dos cosas: el empleo de las palabras, que sólo sirven para limitar y deformar, y los escritos de los místicos mismos que, aunque colmados de maravillas y de verdad, están matizados por el simbolismo de su raza y época y por la cualidad del sentimiento y la emoción. Los místicos, por regla general, oscilan entre momentos de alta iluminación o visión y las brumosas planicies de intensos sentimientos y anhelos. Están sometidos al gozo y éxtasis de la realización, que sólo dura un fugaz momento, o a la agonía del deseo de continuar la experiencia. Parece (*en* la mayoría de los casos) que no hay seguridad o certeza de que se repita, sino sólo el ansia de alcanzar tal estado de santidad, a fin de que la condición pueda continuar. En la antigua técnica y en la meditación ordenada, proporcionada últimamente por Oriente, parece que, mediante el conocimiento del camino y la comprensión del proceso, es posible trascender la experiencia mística y alcanzar a *voluntad,* el conocimiento de las cosas divinas y la identificación con la Deidad interna. La raza posee ahora el equipo mental necesario, y al método del místico puede agregarse el método del intelecto consciente.

Pero, entre la etapa de concentración prolongada, denominada meditación, y la de contemplación, de categoría totalmente distinta, llega un período de transición que el estudiante oriental llama "meditación sin simiente", o "sin objeto". No es contemplación ni proceso mental. Ello corresponde ya al pasado, pero la etapa posterior aún no se ha alcanzado. Es un periodo de estabilidad mental y de expectativa. El Padre Nuet [12] lo describe muy bien en las siguientes palabras:

"Cuando el hombre que ora, progresa considerablemente en la meditación, pasa insensiblemente a la oración afectiva, que siendo intermedia entre la meditación y la contemplación, como lo es el alba entre la noche y el día, posee algo de la una y de la otra. Al principio contiene más de meditación, porque *aún emplea el 'razonamiento...; porque habiendo adquirido mucha luz por el empleo prolongado de consideraciones y razonamientos, entra inmediatamente en tema y ve sin dificultad* todo *su desarrollo...* En consecuencia, a medida que se perfecciona, abandona el razonamiento..."

La versatilidad de la sustancia mental que se mueve con rapidez y responde sensiblemente, puede ser llevada, como hemos visto, a una condición estable, a través de la meditación prolongada. Esta produce un estado mental donde el pensador no responde a las vibraciones y contactos procedentes del mundo fenoménico externo y del mundo de las emociones, de manera que el mecanismo sensorio, el cerebro y la vasta red entrelazada, denominados sistema nervioso, entra en pasividad. El mundo en que el hombre funciona comúnmente queda fuera; no obstante, mantiene al mismo tiempo una atención mental intensa y una orientación centralizada, hacia un nuevo mundo, donde lo que llamamos alma, vive y se mueve. El verdadero estudiante de la meditación aprende a mantenerse mentalmente despierto y poderosamente consciente de los fenómenos, vibraciones y estados del ser. Es positivo, activo y confía en sí mismo, y el cerebro y la mente enfocada están estrechamente coordinados. No es un soñador impráctico, sin embargo, niega temporalmente el mundo de los asuntos prácticos y físicos.

Si el estudiante no es por naturaleza un tipo mental positivo, debe emprender junto con la práctica de la meditación, algún entrenamiento intelectual serio y persistente (destinada a crear polarización y agudeza mental), de otra manera el proceso degenerará en fantasía emocional o en vacuidad negativa. Ambas condiciones tienen sus propios riesgos y, si se prolongan, tenderán a hacer del hombre una persona impráctica, impotente e ineficiente en los asuntos de la vida diaria. Su vida será cada vez menos útil para sí y los demás y su mente divagará cada vez más en fantasías irracionales e incontroladas y en fluctuaciones emotivas. En tal terreno germina fácilmente la semilla del egotismo y florece el psiquismo.

La mente positiva, alerta y bien controlada, se remonta en alas del pensamiento y se mantiene firme en el punto más elevado alcanzado. Entonces se produce en la mente una condición análoga a la que se produjo en el cerebro. Se mantiene en actitud expectante, mientras que la conciencia del pensador se traslada a un nuevo estado de percepción y llega a identificarse con el verdadero hombre interno y espiritual; lo que se denomina técnicamente "la conciencia perceptora" está a la expectativa.

Estas dos etapas de meditación, una de intensa actividad y la otra de intensa expectativa, han sido llamadas los estados de Marta y María, y la idea, gracias a esta metáfora, se hace más clara. Es un período de silencio, mientras algo interno trasciende y es quizás la parte de la técnica más difícil de dominar. Es muy fácil retroceder a la actividad intelectual que implica la meditación común para quien no ha aprendido todavía a contemplar. El Dr. Charles Bennett [13] describe esta etapa en algunos comentarios sobre Ruysbroeck. Dice:

"Ruysbroeck establece la diferencia entre dos signos de 'verdadera' pasividad: Primero, se busca activamente, es decir, se necesita cierto esfuerzo para mantenerla. Segundo, difiere de toda ayuda natural o automática, debido a la preparación moral que la precede... Esta espera obligatoria, esta receptividad autoimpuesta, que es la marca distintiva de la etapa de la contemplación, no es el fin de la carrera del místico. Es el fin de sus esfuerzos en el sentido de que nada puede ya hacer, está destinada a ceder su lugar a la etapa del éxtasis, cuando las cosas están fuera del control del individuo, que se convierte en vehículo de un poder más grande que él. 'Permanece firmemente en ti, hasta que seas arrancado de ti mismo sin acción alguna de tu parte' ".

El Dr. Bennett habla más adelante, en el mismo capítulo, de la atención expectante, la espera, bien ganada y sostenida, de la revelación divina. El anciano sabio de la India, Patanjali, dice lo mismo: "la sustancia mental es absorbida en lo que es la Realidad (o la idea encarnada en la forma), y pierde la noción de la separatividad y del yo personal", lo cual lleva al hombre a la etapa de la contemplación, penetrando en la conciencia del alma. Descubre que durante todo este tiempo el alma lo ha llevado a la unión consigo mismo. ¿Cómo? Otro instructor hinduista dice: "el alma tiene el medio. El pensamiento es el medio. Cuando el pensamiento ha completado su tarea de liberación, ha hecho lo que debía hacer y cesa". [14]

En la contemplación entra en acción un agente superior. *La que contempla es el alma.* La conciencia humana cesa su actividad y el hombre deviene lo que en realidad es, un alma, un fragmento de la divinidad, consciente de su unicidad esencial con la Deidad. El yo superior entra en actividad y el yo inferior o personal, queda totalmente pasivo y aquietado, mientras que la verdadera Entidad espiritual entra en su propio reino y registra los contactos que emanan de ese reino espiritual de fenómenos.

Se ve el mundo del alma como una realidad; las cosas trascendentales se conocen como hechos en la naturaleza; se comprende que la unión con la Deidad constituye un hecho en el proceso natural, como la unión entre la vida del cuerpo físico y ese cuerpo.

La conciencia del hombre, por lo tanto, ya no está enfocada en la mente expectante, ha cruzado la frontera y entrado en el reino del espíritu, convirtiéndose literalmente en el alma, actuando en su propio reino, percibiendo "las cosas del Reino de Dios"; entonces es capaz de comprobar directamente la verdad y, con plena conciencia vigílica, su propia naturaleza, prerrogativas y leyes. Mientras el verdadero hombre espiritual actúa así en su propia naturaleza y en su propio mundo, la mente y el cerebro se mantienen estables y positivos, orientados hacia el alma. Según la facilidad con que esto se haga, será la capacidad de ambos de registrar y plasmar lo que el alma esté percibiendo.

En la meditación tratamos de recibir impresiones del Dios interno, el yo superior, directamente en el cerebro físico, por mediación de la mente. En la contemplación se entra en un estado aún más elevado y tratamos de recibir en el cerebro físico lo que *el alma misma percibe,* cuando mira externamente hacia esos nuevos campos de percepción.

En el hombre común, el alma está ocupada (como perceptor) en los tres mundos del esfuerzo humano, y observa, por consiguiente, los estados físico, emocional y mental del ser. El alma se identifica durante eones con las formas por medio de las cuales debe hacer contacto, si esos estados inferiores de conciencia deben ser conocidos. Más tarde, cuando el hombre ha logrado dominar su mente y la puede ofrecer al alma como agente trasmisor, se despliega entonces ante él, una vasta región de la percepción espiritual. Luego el alma puede convertirse en un agente trasmisor e inculcar en el cerebro físico, por mediación de la mente, algunos de los conocimientos y conceptos del aspecto espíritu. Los estudiantes harían bien en recordar las palabras:

"La materia es el vehículo para la manifestación del alma en este plano de existencia, y el alma es, en un plano superior, el vehículo para la manifestación del espíritu, y los tres constituyen una Trinidad sintetizada por la Vida que los compenetra a todos". [15]

Esto, en el lenguaje académico ocultista, es lo que conoce el místico. El Cardenal Richelieu llama a la contemplación el estado "en que el hombre ve y conoce a Dios, sin emplear la imaginación ni el razonamiento discursivo". Tauler [16] expresa lo mismo:

"Dios desea residir en las facultades superiores: la memoria, el intelecto y la voluntad, y actuar en forma divina. Ésta es Su verdadera morada. Su campo de acción; allí Él encuentra Su semejanza; allí debemos buscarlo si queremos encontrarlo por el camino más corto. Entonces el espíritu se remonta muy por encima de todas las facultades a un vacío de inmensa soledad, donde ningún mortal puede hablar adecuadamente... Cuando estas personas vuelven en sí, descubren que poseen un conocimiento distinto de las cosas, más luminoso y perfecto que el de los demás".

La contemplación se ha descrito como un portal psíquico que conduce de un estado de conciencia a otro. Jerency Taylor [17] llama "transición de la intensa meditación a esa contemplación que alcanza la visión de las maravillas de Dios, al entrar el alma humana en el reino de la luz divina". François Malaval,[18] que vivió en el siglo XVII, lo explica maravillosamente, diciendo:

"Este acto (contemplación) es más perfecto que el razonamiento, porque en el razonamiento el alma habla, mientras que en ese acto se regocija. El razonamiento... convence al alma mediante sus principios; pero aquí el alma es más bien iluminada que convencida; ve, más que examina. El razonamiento se ocupa de considerar una palabra, una proposición o una conversación, pero esta simple visión de Dios, suponiendo todos los razonamientos como cosas pasadas y conocidas, contempla su objeto en Dios Mismo..."

El hombre transpone este portal de visión y se encuentra que es el alma. Desde la prominencia del alma se conoce a sí mismo como Perceptor, capaz de percibir también el mundo de las realidades espirituales y de la experiencia diaria; puede mirar a voluntad en cualquier dirección.

El problema es adquirir, en las esferas espirituales, la misma facilidad de percepción alcanzada en las esferas terrenales, teniendo en cuenta que uno de los puntos importantes que debe recordarse es que, en ambos casos, la triplicidad de alma, mente y cerebro, debe desempeñar su parte, pero con distintas orientación y atención. Es una simple cuestión de enfoque. El cerebro actúa de manera casi subconsciente respecto a los instintos y hábitos que guían nuestra vida y apetitos en el plano físico. Mediante la *correcta educación,* aprende a ser receptivo a las impresiones que emanan de la mente, y en vez de ser tan sólo un registro sensorio, aprende a responder a las impresiones del pensamiento. La mente, a su vez, tiene la tendencia instintiva de registrar toda información externa, pero puede ser educada para recibir del alma y registrar toda información externa, procedente de una fuente superior. Con el tiempo, puede adquirir facilidad y práctica para utilizar el cerebro o la mente, activa o pasiva, y oportunamente lograr una perfecta interacción entre ellos y, por último, entre el alma, la mente y el cerebro. Puede resumirse lo acontecido durante las tres etapas consideradas, en las palabras de Patanjali: [19]

"La conquista gradual de la tendencia de la mente a saltar de un objeto a otro (eso es concentración), y el poder de dirigirla en una sola dirección (eso es meditación), constituye el desenvolvimiento de la contemplación".

Y cuando estos tres se efectúan simultáneamente, se dice que "este triple poder de atención, meditación y contemplación, es más interno que los medios de crecimiento descritos anteriormente". Es interesante observar que Malaval, en su Tratado Segundo, Diálogo III, presenta la misma idea, vinculando la fe, la meditación y la contemplación, como un acto sintético. Los conocedores de Oriente y Occidente, piensan en forma similar.

La contemplación ha sido también definida por Evelyn Underhill en su libro *Mysticism,* como "la pausa entre dos actividades". Durante esta pausa se instituye un nuevo método de conocer y ser. Este es quizá uno de los modos más simples y prácticos para comprender la contemplación. *Es el intervalo en que* el *alma está activa,* y esta actividad va precedida de lo que podemos llamar una actividad ascendente. Se ha aquietado el cerebro físico al que se mantiene firme, y también el mecanismo del sentimiento o de la sensación, al cual ya no se le permite registrar información de su campo común de percepción; la mente ha sido enfocada, y es mantenida activamente pasiva en la luz que irradia el reino del alma. Rechazamos toda información procedente del mundo fenoménico común, lo cual se ha logrado por la adecuada concentración y meditación. Alcanzado esto, tiene lugar el intervalo donde el hombre se conoce a sí mismo como alma, morando en lo eterno y liberado de las limitaciones de la forma. Este intervalo es necesariamente breve al principio, pero a medida que progresa su control, se prolonga. La clave de todo el proceso está en la concentración y atención sostenida de la mente, "mientras el alma, el hombre espiritual, el ser que percibe, contempla".

En un libro anterior [20] he tratado más extensamente el empleo de la mente como instrumento del alma, y repetiré un párrafo:

"Sin embargo, debería aclararse que el perceptor en su propio plano ha sido siempre consciente de lo que ahora reconoce. La diferencia está en que el instrumento, la mente, se halla bajo control, por lo tanto, el pensador puede imprimir en el cerebro lo que percibe vía la mente controlada. El hombre *también* percibe simultáneamente en el plano físico, y es posible por primera vez la verdadera meditación y contemplación. Al principio será durante breves segundos. Un destello de percepción intuitiva, un instante de visión y de iluminación y todo desaparece. La mente empieza de nuevo a modificarse y entrar en actividad, pierde de vista la visión, el momento elevado ha pasado y la puerta al reino del alma parece cerrarse repentinamente. Pero se ha obtenido seguridad, registrado una vislumbre de la realidad en el cerebro y alcanzado la garantía de una futura realización".

La segunda actividad concierne a un trabajo dual desarrollado por la mente. Habiéndose mantenido firme en la luz, anota y registra las ideas, impresiones y conceptos, que el alma en contemplación le imparte, formulándolas en frases, construyéndolas en formas y nítidas imágenes mentales. Será evidente que para esto es necesario poseer un buen mecanismo mental. Una mente educada, una memoria bien provista y una mentalidad cuidadosamente cultivada, facilitarán grandemente la tarea del alma para lograr anotar y registrar con exactitud sus conocimientos. Luego, continuando esta actividad mental, proseguirá el proceso de trasmitir al cerebro expectante y pasivo, la información adquirida.

Cuando el alma ha aprendido a manejar su instrumento, valiéndose de la mente y el cerebro, aumenta constantemente la facilidad de contacto a interacción directa entre ambos, al punto que el hombre puede enfocar a voluntad su mente, sobre las cuestiones terrenas y ser un miembro eficiente en la sociedad, o sobre las cosas celestiales, y actuar en su verdadero ser como un Hijo de Dios. Cuando esto sucede, el alma utiliza la mente como agente trasmisor y el cerebro físico es entrenado para responder a lo que se le trasmite. El verdadero Hijo de Dios puede vivir en dos mundos a la vez, ser ciudadano del mundo y del reino de Dios. La mejor conclusión de este capítulo serán las siguientes palabras de Evelyn Underhill: [21]

"La plena conciencia espiritual del verdadero místico no se desarrolla en una sola dirección, sino en dos, aparentemente opuestas, pero que en realidad son complementarias... Por una parte es intensamente consciente de que es uno (y como tal se reconoce) con el activo mundo del devenir... En consecuencia, aunque ha roto para siempre las ligaduras de los sentidos, percibe en cada manifestación de la vida un significado sacramental, una belleza, una maravilla, un significado enaltecido, que se oculta a otros hombres... Por otra parte, alcanza también la plena conciencia mística, la que creo es realmente su cualidad característica... Desarrolla el poder de captar al Absoluto, al Ser puro, al totalmente trascendente... Esta cabal expansión de conciencia, con su doble poder de conocer, mediante la comunión, los aspectos temporal y eterno, inmanente y trascendente, de la realidad..., es la señal peculiar, el *último sigilo* del gran místico..."

Consideraremos a continuación el resultado de esta actividad dual y facilidad para la interacción. La intuición empieza a actuar; se experimenta la iluminación; se estudiará la vida de inspiración con sus innúmeras características especiales, todo lo cual será tratado en el capítulo siguiente.

Notas:

1.   The Structure of Thouqht, pág. 135.
2.   Evolutionary Naturalism, pág. 300.
3.   Psychology, the Science of Behaviour.
4.   Emergent Evolution, pág. 291.
5.   Life, Mind and Spirit, pág. 32.
6.   The Structure of Thought, pág. 361.
7.   The Idea of the Holy, pág. 7.

8.   Idem, Prefacio del Traductor, pág. XIX.
9.   Idem, pág. XV.
10.   The Soul, pág. 63.
11.   Mysticism, pág. 58.
12.   Conduit del'Homme d'Oraison, Libro IV. Cap. I
13.   A PliLosophical Study of Mysticism, pág. 62.
14.   The Vishnu Purana, VI: 7, 90.
15.   La Doctrina Secreta, H. P. Blavatsky, T. I, pág. 106.
16.   Graces of Interior Prayer, pág. 272. Citado por el P. Poulain,R.P.S.J.
17.   Prayer, pág. 181, citado por Mario Pugliesi.
18.   A Simple Method of Raising the SouL to Contemplation, pág. 102.
19.   La Luz del Alma, Libro III: Af. 11 de Alice A. Bailey.
20.   La Luz del Alma, Libro III , Af. 9, de Alice A. Bailey
21.   Mysticism, págs. 42, 43.

CAPÍTULO SÉPTIMO

INTUICIÓN E ILUMINACIÓN

"Y Dios dijo:

¡Hágase la luz!
y la luz fue hecha".
LA BIBLIA

HEMOS sentado la premisa general de que los métodos pedagógicos modernos de Occidente, habiendo familiarizado al hombre con la idea de que posee una mente, indujeron a valorar el intelecto a tal punto, que para muchos el logro de la capacidad intelectual constituye la culminación de la evolución. Sugerimos, además, que cuando la técnica oriental de la meditación (con sus etapas de concentración, meditación y contemplación) haya sido aplicada por el intelectual occidental, los procesos del entrenamiento de la mente se podrán llevar al punto más elevado de desarrollo y después se reemplazarán por una facultad más elevada, la intuición. Hemos observado también que las mentes más agudas de Occidente pueden, por el intenso interés y aplicación, alcanzar el mismo grado de realización que con la meditación el estudiante oriental alcanza el conocimiento. Pero en este punto el paralelismo desaparece. La educación de Occidente no lleva a sus exponentes a la esfera de la intuición o de la iluminación. En efecto, sonreímos ante la idea de una conciencia iluminada y atribuimos gran parte de los testimonios que se ofrecen, a alucinaciones de místicos sobreestimulados, o a casos psicopáticos que nuestros sicólogos tratan constantemente.

Pero puede probarse, según creo, que la percepción espiritual desarrollada y el intelecto iluminado, forman parte de las facultades del científico o del hombre de ciencia, sensato y equilibrado, y no tienen por qué indicar necesariamente falta de equilibrio psíquico ni tampoco inestabilidad emocional. La luz de la iluminación y de la inspiración es perfectamente compatible con el desempeño de nuestras ocupaciones cotidianas, y esto se dijo hace siglos en una antigua enseñanza china que data del Siglo XVII, en el libro de R. Wilhelm y C. G. Jung: [1]

"El Maestro Lü Tzu dijo: "Cuando se logra producir gradualmente la circulación de la Luz, el hombre no deberá abandonar sus ocupaciones comunes al hacerlo". Los antiguos decían: "Cuando nos dan ocupaciones, debemos aceptarlas; cuando nos llegan las cosas debemos comprenderlas totalmente. Si las ocupaciones están reguladas por pensamientos correctos, la Luz no se diluye por cosas externas, pero circula de acuerdo a su propia ley".

Estas características de la iluminación y sus resultados, se observan actuando en la conciencia del hombre, que ha pasado por las etapas delineadas anteriormente y son el tema de este capítulo. La iluminación es una etapa en el proceso de la meditación, porque presupone control cuidadoso de la mente y un acercamiento científico al tema; es el resultado de un estado verdaderamente contemplativo y de contacto con el alma, y sus efectos consecutivos indican la institución de la segunda actividad de la mente, considerada en páginas anteriores.

De acuerdo con los precursores en las esferas del alma, la iluminación sobreviene directamente en la etapa de la contemplación y puede decirse que a su vez produce tres efectos en el plano físico: un intelecto iluminado, una percepción intuitiva y una vida inspirada. Esta condición ha sido reconocida por todos los místicos y escritores dedicados al tema de la revelación mística. La idea de una Luz que penetra y brilla en nuestro camino, el simbolismo de la radiación intensa y enceguecedora que acompaña la fase del contacto divino, son de aplicación tan general, que hemos llegado a considerarlas simplemente como algo revestido de una fraseología mística, significando relativamente muy poco más que el intento del aspirante visionario de expresar en palabras las maravillas percibidas.

Sin embargo, cuando se investiga, se descubre que hay mucho significado en esta terminología especial y en estas frases simbólicas. La uniformidad del lenguaje, el testimonio de muchos miles de testigos honorables y la similitud de los sucesos relatados, parecen indicar un genuino acontecimiento fenoménico. El Dr. Overstreet [2] menciona un gran número de prestigiosas personalidades que, según se dice, eran iluminadas, y señala que "estos hombres no razonan sus conclusiones, aunque la razón —la búsqueda de la verdad— aparentemente desempeña una parte en la preparación de su percepción final. "En todo caso", añade, "experimentaron lo que a falta de una expresión más adecuada podemos llamar iluminación". Continúa advirtiendo que "podemos indudablemente poner de lado estas experiencias como aberraciones... "dice, "pero estos hombres no se comportan como individuos que sufren aberraciones. De ellos proviene una gran parte de la sabiduría espiritual de la raza. Pertenecen, por así decirlo, a los iluminados del género humano. Si 'por sus frutos los conoceréis', los frutos de estos hombres se hallan tan por encima de lo común, que se han convertido en los líderes espirituales de la humanidad".

La dificultad del místico común, aunque no la de los descollantes personajes a que se refiere el Dr. Overstreet, está en su incapacidad para definir o expresar claramente dicho estado de iluminación. "El místico", se dijo en las Conferencias de Bampton en 1930 [3] "no puede explicarlo, pero sabe lo que ha conocido y no simplemente sentido, y con frecuencia este conocimiento lo posee perdurablemente y no le afecta la crítica..., aunque incapaz de trasmitir un conjunto de verdades que no puede ser alcanzado mediante los canales más comunes de la experiencia y el razonamiento, no obstante, es posible que la intensidad de su captación especial de la realidad, sirva, como en los casos extremos sirve para probar la verdad de algún teorema geométrico general, para plantear nuestro problema fundamental bajo una luz más clara".

Aquí entra Oriente y expone el sistema por el cual puede obtenerse la iluminación, y también presenta a nuestra consideración un método y un proceso ordenados, que llevan al hombre a la identificación con el alma. Este método presupone —como resultado de tal identificación y sus consecuentes efectos— la percepción iluminada y la comprensión intuitiva de la verdad. Las escrituras orientales dicen que la mente refleja la luz y el conocimiento del alma omnisciente, iluminando a su vez al cerebro. Esto sólo es posible cuando la interacción entre los tres factores, alma, mente y cerebro, es completa. Patanjali, en sus Aforismos de la Yoga [4] dice:

"El Señor de la mente, el perceptor, es siempre consciente de la constante actividad de la sustancia mental...

"Debido a que la mente puede ser vista y conocida, resulta evidente que no es la fuente de iluminación.

"Cuando la inteligencia espiritual, que permanece sola y libre de los objetos, se refleja en la sustancia mental, entonces se obtiene la percepción del yo.

"Así la sustancia mental, reflejando al conocedor y lo conocible, deviene omnisciente.

"Entonces la mente tiende a la discriminación y al acrecentamiento de la iluminación.

"Cuando los métodos de la yoga han sido practicados con constancia y se ha vencido la impureza, tiene lugar el esclarecimiento que conduce a la plena iluminación.

"El conocimiento (o iluminación) alcanzado es séptuple, y se alcanza progresivamente".

Patanjali [5] señala más adelante que después de la debida concentración, meditación y contemplación, "lo que oscurece la luz va desapareciendo gradualmente", y agrega:

"Cuando aquello que vela la luz desaparece, se alcanza ese estado del ser, llamado desencarnado (o incorpóreo), liberado de las modificaciones del principio pensante. Éste es el estado de iluminación.

Por lo tanto, es muy probable que cuando el Cristo recomendó a sus discípulos que "dejen brillar su luz", de ninguna manera hablaba en forma simbólica, sino que los exhortaba a liberarse de la conciencia corpórea, a fin de que la luz del alma afluyera al cerebro a través de la mente para obtener esa iluminación que le permite al hombre exclamar: "En esa Luz veremos la luz".

La Iglesia Cristiana siempre ha conocido el camino hacia esa liberación, denominado "Camino de Purificación". Implica la purificación o sutilización de la naturaleza inferior del cuerpo y del velo de la materia que oculta la luz dentro de cada ser humano. El velo debe ser atravesado, para lo cual hay muchas maneras de hacerlo. El Dr. Winslow Hall,[6] menciona tres de ellas: la belleza, el intelecto y el alma. Por medio de la belleza y la búsqueda de la realidad que la ha producido, el místico va más allá de la forma externa y descubre el bien y lo maravilloso. El Dr. Otto [7] se ocupa de esto en su exégesis sobre la facultad de "adivinación", la capacidad para reconocer con reverencia y asombro lo esencialmente santo y bello, detrás de todas las formas. Este capítulo es digno de detenida consideración. Así el místico diviniza (gracias a lo divino en sí mismo) la realidad que el velo de la materia encubre. Éste es el método de los sentidos. Tenemos luego el método del intelecto, el intenso enfoque de la mente en un problema y en el aspecto forma, a fin de penetrar hasta la causa de su ser. Por este método los científicos han progresado tanto y penetrado tan adentro tras el velo, que descubrieron ese algo denominado "energía". El Dr. W. Winslow [8] define el tercer método:

"El método del alma es a la vez el más antiguo y el más amplio de los tres... porque el alma hace algo más que traspasar el velo de la materia; se identifica tanto con el velo como con la Realidad tras el velo. De esta manera alma, velo y Realidad, se sienten como si fuera uno".

Volvemos así a la idea de la plenitud y unicidad con el universo, mencionada anteriormente, y el Dr. Hall [9] agrega: "Definir la iluminación como un irresistible sentimiento de unicidad con el Todo".

Trataremos aquí de exponer en la forma más simple posible, adónde nos han llevado nuestras conclusiones, y veremos qué sucede a quien ha sido educado desde la etapa de entrenamiento de la memoria y acumulación de datos, hasta el empleo consciente del intelecto, y de éste a la esfera del conocedor consciente.

Mediante la concentración y la meditación ha logrado en gran parte el control de la mente y ha aprendido a "mantener la mente firme en la luz". La conciencia entonces se evade del yo inferior (sale de la zona de percepción del cerebro y de la mente), mientras que el místico pasa al estado contemplativo donde actúa como alma y se reconoce a sí mismo como el Conocedor. La naturaleza del alma es conocimiento y luz y su esfera de existencia el reino de Dios. Mientras continúa esta identificación con el alma, la mente permanece firme y se niega a responder a los contactos que proceden de otros estados de percepción, como los que provienen de los mundos emocional y físico. Absorbida en la unión con Dios, trasportada al "Tercer Cielo" (como lo fue San Pablo) y en la contemplación de la beatífica visión de la Realidad, no conoce nada, no ve nada, no oye nada, excepto los fenómenos propios del mundo en que está viviendo. Pero en ese mundo, oye, ve y conoce; se da cuenta de la Verdad, develada y libre de todo espejismo que el velo de la materia proyecta sobre ella; escucha la sabiduría que está acumulada en su propia e insondable alma, y esta misma sabiduría ya no existe para él como sujeto y objeto: es ambos y lo sabe. Penetra en la Mente de Dios —el depósito universal de conocimiento, cuya puerta está siempre abierta para las mentes individuales, capaces de control y aquietamiento suficiente que le permita ver la puerta y transponerla. No obstante, a través de todo este proceso trascendental, la mente se ha mantenido firme en la Luz.

Sin embargo, el estado contemplativo llega a su fin y la mente es arrastrada a una actividad renovada, actividad basada en su reacción a la luz y en su poder de registrar y recopilar la información con que el alma trata de dotarla. Las energías del alma fueron dirigidas externamente al mundo de las realidades divinas; ahora el foco de su atención cambia y la Deidad dirige su mirada al expectante instrumento, tratando de plasmar en él toda la sabiduría y el conocimiento que es capaz de recibir y reflejar.

Existe la tendencia a confundir iluminación con sentimiento, en quienes escriben sobre misticismo y se ocupan exclusivamente del método místico, sin estudiar adecuadamente la técnica oriental. Evelyn Underhill, [10] por ejemplo, dice "... el estado iluminado presupone la visión del Absoluto: el sentido de la Presencia Divina, pero no la verdadera unión con El". "Es", añade, "un estado de felicidad". La iluminación de la mente por el conocimiento de la unión con la Deidad y la comprensión de las leyes que rigen el reino espiritual, traerán finalmente felicidad, la cual es consecuencia y no parte del estado de iluminación. La verdadera iluminación se relaciona con el intelecto y debería estar —en su aspecto más puro— divorciada totalmente del sentimiento. Es una condición de conocimiento, un estado donde la mente se pone en relación con Dios, y cuanto más tiempo pueda mantener esta condición libre de reacciones emocionales, más directas serán la comunicación entre el alma y su instrumento y más puras las verdades impartidas.

La comparación del sendero del conocedor con el del místico, será útil aquí. El místico, especialmente de Occidente, alcanza su correspondiente destello de percepción interna: ve al Bienamado, alcanza alturas de conciencia, pero su acercamiento, en la mayoría de los casos, es por el sendero del corazón, e involucra sentimiento, percepción sensoria y emoción. El resultado fue el éxtasis. Su técnica ha sido la devoción, la disciplina, un esfuerzo emocional hacia adelante, "la elevación del corazón hacia el Señor", la visión del "Bienamado", "las nupcias en los cielos", "la ofrenda de su amor a los pies del Bienamado" y el consiguiente éxtasis. Después, si hemos de creer en los escritos de los mismos místicos, sigue un período de reajuste a la vida cotidiana y, frecuentemente, un sentimiento de depresión y decepción, porque ha pasado tan elevado momento, juntamente con la incapacidad de hablar con claridad sobre lo que se ha experimentado. Luego se inicia un nuevo ciclo de devoción y disciplina, hasta alcanzar de nuevo la visión, estableciendo nuevamente contacto con el Bienamado. En ciertos aspectos, la autocentralización del místico occidental es notable, y digno de observarse que no emplea el intelecto. Hemos de exceptuar no obstante, a místicos tales como: Bohme, Ruysbroeck o Meister Eckhart, en cuyos escritos resalta fuertemente el elemento intelecto y se destaca mucho la cualidad del conocimiento. Veamos lo que dice Franz Pfeiffer: [11]

"Hay un poder en el alma, el intelecto, de importancia primordial para que el alma sea consciente de Dios y pueda detectarlo... Los más sólidos argumentos afirman expresamente (que es la verdad) que el germen de la vida eterna reside más bien en el conocimiento que en el amor... El alma no depende de cosas temporales, sino que, en la exaltación de la mente, se halla en comunicación con las cosas de Dios".

El Conocedor emplea un método distinto al del místico, dirige el intelecto al objeto de su búsqueda; es el método de la mente, su disciplina y control. Mantiene firme la mente; detiene su versatilidad y la enfoca; busca a Dios; se aparta del sentimiento, y no le interesa su satisfacción personal, porque la mente es *sentido común* y, en su más elevada utilización, está dotada de la facultad de síntesis, de plenitud. El Conocedor, como dice el Dr. Muller-Freienfels, [12] "ya no habla de su alma, sino del alma universal que se manifiesta y desarrolla en él como en todas las demás criaturas, y persistirá aunque perezca la ilusión de la individualidad... Vivirá su vida como 'vida', es decir, como autorrealización y autoconsumación, con la conciencia de que no es meramente su propio yo lo que está siendo realizado y perfeccionado, sino el Universo, la Deidad, de la cual su yo aparente es una parte".

El sentimiento personal es desechado. El aspirante domina la mente y la mantiene firme en la luz, entonces, ve y conoce. A esto sigue la etapa de la ILUMINACIÓN [13] que resume la diferencia entre los dos métodos.

"El conocimiento eleva el alma al rango de Dios; el amor une el alma con Dios: su empleo perfecciona el alma para Dios. Los tres sacan al alma del tiempo y la trasladan a la eternidad".

Estas diferencias deben ser cuidadosamente observadas. Actualmente para muchos, alcanzar el conocimiento de Dios es de mayor importancia que el amor de Dios. A éste ya lo poseen; constituye el trasfondo de sus esfuerzos, pero no de su objetivo y disciplina actuales. Para la vasta mayoría que no piensa, quizás sea verdad que el método místico de amor y devoción, debería ser la meta, pero para los pensadores del mundo el logro de la iluminación debería ser la meta de sus esfuerzos.

En el hombre verdaderamente iluminado tenemos la rara combinación del místico y del conocedor, el efecto resultante de métodos místicos de Oriente y Occidente y la unión de la cabeza y del corazón, del amor y del intelecto. Esto produce lo que en Oriente se denomina un yogui (el conocedor de la unión) y en Occidente, un místico práctico —modo poco satisfactorio de designar al místico que ha combinado el intelecto con la naturaleza sensoria, por lo tanto, es un ser humano coordinado, en quien el cerebro, la mente y el alma, actúan en la más perfecta unidad y síntesis.

La iluminación de la mente por el alma, y la proyección del conocimiento y la sabiduría, prerrogativa del alma, sobre la sustancia mental expectante y atenta, produce en el hombre realmente unificado y coordinado, resultados que difieren según la parte de su instrumento con la que se efectúa el contacto. Dejando el tema de la unión y el desarrollo de poderes trascendentales para ser considerados más adelante, nos limitaremos a los efectos directos de la iluminación. Podemos, para mayor claridad, compendiar estos resultados de la manera siguiente:

Un efecto sobre la mente es la captación directa de la verdad y la comprensión directa de un conocimiento tan vasto y sintético que lo abarcamos en el nebuloso término de *Mente Universal*. A este tipo de conocimiento se lo llama a veces intuición, y es una de las características principales de la iluminación. Otro efecto sobre la mente es que responde a la comunicación telepática y es sensible a otras mentes que alcanzaron la capacidad de actuar en niveles del alma. No me refiero a la llamada comunicación telepática en niveles psíquicos, o a la que se establece entre cerebros, en el intercambio común cotidiano tan conocido, sino a la interacción que es posible establecer entre almas divinamente sintonizadas, que en el pasado dio por resultado la trasmisión de verdades, inspiradas en las sagradas escrituras del mundo y en esos pronunciamientos divinos emanados de ciertos grandes Hijos de Dios, como Cristo y Buda. La intuición y la telepatía en su forma más pura son, por lo tanto, dos consecuencias de la iluminación de la mente.

En la naturaleza emocional o, según el lenguaje esotérico, en el cuerpo de deseos o de emociones, el efecto constituye la manifestación de gozo, felicidad y experiencia del éxtasis. Se alcanza un sentimiento de plenitud, satisfacción y de expectativa gozosa, de tal manera que el mundo se ve bajo una nueva luz y las circunstancias toman un colorido más feliz.

"Arriba, el cielo, es azul más brillante,
abajo, la tierra, es de un verdor más delicioso,
algo vive en cada matiz,
que los ojos sin Cristo jamás han visto".

En el cuerpo físico se producen ciertas reacciones muy interesantes, constituyendo dos grupos principales: Primero, un estímulo que inicia una intensa actividad, con un efecto bien marcado sobre el sistema nervioso y, segundo, la frecuente aparición de una luz visible dentro de la cabeza, aunque los ojos estén cerrados o en la oscuridad.

El Dr. W. Winslow Hall, [14] en su libro sobre la iluminación, trata este aspecto de la luz, y dice que desea probar que "la iluminación es un hecho, no solamente sicológico sino también fisiológico".

Los resultados que se producen en el triple mecanismo, mental, sensorio y físico, denominado ser humano, no son más que manifestaciones de la misma energía básica, al ser trasferida de un vehículo a otro. Es la misma divina conciencia haciendo sentir su presencia en las diferentes esferas de percepción y conducta humanas.

Primero veremos la reacción mental. ¿Qué es esa cosa misteriosa denominada intuición? Resulta interesante observar que este término ha sido totalmente ignorado en algunos libros de sicología, e ignorado frecuentemente por los más grandes hombres en este campo. La intuición no ha sido reconocida. Podemos definirla como captación directa de la verdad, aparte de la facultad razonadora o de cualquier otro proceso del intelecto. Es el surgimiento en la conciencia de alguna verdad o belleza nunca sentida. No procede de la subconciencia o de la memoria racial o individual acumulada, sino que desciende directamente a la mente desde la superconciencia o alma omnisciente. Se la reconoce inmediatamente como verdad infalible, y no despierta duda alguna.

Todas las soluciones repentinas de problemas aparentemente insolubles o abstrusos, y un gran número de las invenciones revolucionarias, caen dentro de esta categoría. Evelyn Underhill [15] se refiere a esto en los siguientes términos:

"... esta iluminada captación de las cosas, esta purificación de las puertas de la percepción, es, seguramente, lo que podemos esperar que ocurra a medida que el hombre avanza hacia centros más elevados de la conciencia. Su inteligencia superficial purificada de la dominación de los sentidos, es invadida cada vez más por la personalidad trascendente. Constituye el 'Hombre nuevo', que por naturaleza es un habitante del mundo espiritual, cuyo destino, en lenguaje místico, consiste en 'retornar a su origen'. De allí la afluencia de nueva vitalidad, la ampliación de los poderes de la visión y una enorme exaltación de sus poderes intuitivos".

Este acceso inmediato a la verdad es el destino final de todos los seres humanos, y probablemente algún día la mente misma quede bajo el umbral de la conciencia, así como se encuentran hoy los instintos. Entonces actuaremos en la esfera de la intuición y hablaremos en términos de intuición, con tanta facilidad como ahora hablamos en términos de la mente y tratamos de actuar como seres mentales.

El Padre Maréchal [16] define la percepción intuitiva en los siguientes términos:

"La intuición —definida en forma general— es la asimilación directa del objeto por la facultad conocedora. Todo conocimiento es en cierto modo una asimilación; la intuición es una información inmediata, sin un intermediario interpuesto objetivamente; es el único acto por el cual la facultad conocedora se modela a sí misma, no en una semejanza abstracta del objeto, sino el objeto mismo; es, si se quiere, la estricta coincidencia, la línea común de contacto entre el sujeto conocedor y el objeto".

Uno de los libros más notables y sugestivos sobre el tópico de la intuición y que engrana maravillosamente tanto como la teoría oriental como con la occidental, es el del Dr. Dibblee, [17] del Instituto Oriol de Oxford, donde da varias definiciones interesantes de la intuición, cuando dice: "lo que la sensación es al sentimiento, la intuición es al pensamiento, al ofrecerle material". Cita las palabras del Dr. Jung cuando expresa que es un proceso mental extraconsciente, del que de vez en cuando nos damos cuenta vagamente. Nos da también la definición del Profesor H. Wildon Carr [18] "La intuición es la captación, por parte de la mente, de la realidad directamente tal cual es, y no bajo la forma de una percepción o concepto (ni como una idea u objeto de la razón), todo lo cual, por contraste, es captación intelectual". "La intuición", dice el Dr. Dibblee en la misma obra, [19] "se interesa puramente en resultados intangibles y si prescinde del tiempo, es también independiente del sentimiento". En el siguiente párrafo, con meridiana claridad define [20] (quizás sin intención, porque su tema es de otra índole) al místico práctico coordinado o conocedor, y dice:

"...la inspiración Intuitiva y la energía instintiva son finalmente subyugadas y unificadas en el yo, que por último forman una sola personalidad".

Aquí tenemos las relaciones y reacciones físicas del mecanismo, guiadas y dirigidas por los instintos, actuando por medio de los sentidos y del cerebro, y el alma guiando y dirigiendo a su vez a la mente mediante la intuición, teniendo su punto de contacto físico en el cerebro superior. Esta idea la resume el Dr. Dibblee [21] en estas palabras: "He llegado a la etapa de aceptar definidamente la existencia de dos órganos distintos de la inteligencia en los seres humanos, el tálamo, asiento del instinto, y la corteza cerebral, asiento de las facultades afines, el intelecto y la intuición". Esta posición va paralela con la de la enseñanza oriental, la cual afirma que el activo centro coordinador de toda la naturaleza inferior se halla en la región del cuerpo pituitario y que el punto de contacto del yo superior y la intuición, se encuentra en la región de la glándula pineal.

La situación es por lo tanto, la siguiente: la mente recibe la iluminación del alma en forma de ideas proyectadas o intuiciones, que imparten conocimiento exacto y directo, porque la intuición es siempre infalible. Este proceso es, a su vez, repetido por la mente activa, que inculca en el cerebro receptivo las intuiciones y el conocimiento trasmitido por el alma. Cuando esto se efectúa automáticamente y con exactitud, tenemos al hombre iluminado, al sabio.

La segunda actividad a que la mente responde, debido a la iluminación alcanzada, es la telepatía. Se ha dicho que "la iluminación puede considerarse como el ejemplo más elevado conocido de la telepatía, porque durante todo el resplandor de esta suprema iluminación, el alma humana es el perceptor, y el Padre de las Luces el agente". El agente puede actuar por medio de muchas mentes, porque el mundo del alma es el mundo de la conciencia grupal, y por esto abre un campo de contactos ciertamente amplio. El alma del hombre se ha *sintonizado* no sólo con la Mente Universal, sino con todas las mentes, por cuyo intermedio el Propósito Divino, llamado Dios, puede estar actuando. Esto explica la ininterrumpida corriente de escritos iluminados y de mensajes que, a través de las edades, han guiado los pensamientos y el destino de los hombres y los han llevado por el sendero de la realización, desde la etapa del animismo y fetichismo, hasta nuestro concepto actual de una Deidad inmanente. Desde el punto de vista del hombre y de la naturaleza, progresamos hacia el Todo divino, en el cual vivimos, nos movemos y tenemos nuestro ser, y con el cual estamos conscientemente identificados. Sabemos que somos divinos. Unos tras otros, los Hijos de Dios han tomado posesión de Su herencia y han descubierto que son sensibles al plan mundial. Gracias a la perseverancia en la contemplación, se han dotado a sí mismos para actuar como intérpretes de la Mente Universal, e intermediarios entre las multitudes no telepáticas y la fuente eterna de la sabiduría. A los iluminados del mundo, a los pensadores intuitivos en todos los campos del conocimiento y a los comunicadores telepáticos e inspirados, se debe lo mejor que el hombre sabe ahora, el origen de las grandes religiones mundiales y los triunfos de la ciencia.

Esta comunicación telepática no se ha de confundir con la mediumnidad, o con la masa de escritos llamados inspirados que inunda actualmente el mundo. La mayoría de estas comunicaciones son de carácter mediocre y no traen nada nuevo, ni tienen mensaje alguno que conduzca al hombre a dar un paso adelante hacia la nueva era, o guíe sus pasos a medida que asciende la escala hacia los lugares celestiales. En contacto con el subconsciente, las enunciaciones de una mentalidad digna y de elevada calidad, darán la explicación del noventa y ocho por ciento del material. Indican que el hombre ha realizado mucho y que está coordinándose, pero no que haya actuado la intuición ni haya estado activo el don de la telepatía espiritual. Es necesario tener mucho cuidado para distinguir entre instinto e intuición, entre intelecto y sus aspectos inferiores y entre mente superior y abstracta. Debe mantenerse la línea divisoria entre las expresiones inspiradas por un alma en contacto con la Realidad y con otras almas, y la trivialidad de una mentalidad brillante y culta.

El efecto del proceso iluminador sobre la naturaleza emocional asume dos formas y, aunque parezca paradójico, son exactamente opuestas. En algunos produce el aquietamiento de la naturaleza, de manera que todas las ansiedades y preocupaciones mundanas cesan y el místico entra en la paz que trasciende toda comprensión. Entonces puede decir:

Una llama ha permanecido dentro de mí.
Inmóvil y despreocupado al paso de los años,
ajeno al amor, la risa, la esperanza y los temores,
a la torpe palpitación del mal y al vino del bien;
no siento la sombra de los vientos que acarician,
ni oigo el murmullo de la marca del vivir,
ni albergo pensamientos de pasión ni lágrimas,
libre del tiempo, de las costumbres.
No conozco el nacimiento ni la muerte que hiela;
no temo al destino, moda, causa ni credo.
Superaré el sueño de los montes,
soy el capullo, la flor y la semilla;
pues sé que en lo que veo,
yo soy la parte y ella es mi alma. [22]

En sentido opuesto puede producir el éxtasis místico —esa elevación y afluencia del corazón hacia la divinidad, que atestigua constantemente nuestra literatura mística. Es una condición de exaltación y de gozosa certidumbre respecto a las realidades sentidas. Lleva a su poseedor en alas del arrobamiento, de manera que, temporariamente, nada puede tocarlo o dañarlo. En sentido figurado, los pies vuelan en pos del Bienamado, y la interacción entre el que ama y el Amado es muy grande; pero siempre existe el sentido de la dualidad o un algo que está más allá de lo alcanzado. Esto debe mantenerse en la conciencia el mayor tiempo posible, si no desaparecerá la visión extática; las nubes velarán el sol, y el mundo, con todas sus preocupaciones, oscurecerá los cielos. Se dice que el éxtasis, físicamente considerado, es trance. Es un estado de arrobamiento y puede ser bueno o malo, dice Evelyn Underhill, [23] citando al Padre Malaval:

"Los grandes doctores de la vida mística enseñan que hay dos tipos de arrobamiento, que deben diferenciarse cuidadosamente. Uno saturado de egocentrismo, sea por la fuerza de su febril imaginación, que capta vívidamente un objeto sensorio, o por el artificio del demonio... El otro tipo de arrobamiento es, contrariamente, efecto de la visión intelectual pura de quienes poseen un grande y generoso amor a Dios. A las almas generosas, que renunciaron totalmente a sí mismas, Dios nunca deja de comunicarles cosas elevadas en estos arrobamientos".

El mismo escritor continúa diciendo que psicológicamente es éxtasis [24] "La absorción del yo en la idea y el deseo únicos, es tan profunda —y en el caso de los grandes místicos—, tan apasionada, que todo lo demás se borra". Se observará que la idea del deseo, del sentimiento y de la dualidad, caracteriza la condición de éxtasis. Están siempre presentes la pasión, la devoción y una arrobadora exteriorización hacia la fuente de comprensión; por lo que es necesario que el experimentador haga una cuidadosa diferencia de tales estados, o degenerará en una condición morbosa. En esta condición de percepción sensoria nada tenemos básicamente que hacer. Nuestra elevada meta es la constante intelectualización y el firme control mental, y sólo en las primeras etapas de la iluminación se descubrirá esta condición. Más adelante se verá que la verdadera iluminación excluye automáticamente tales reacciones. El alma se sabe a sí misma libre de los pares de opuestos —del placer lo mismo que del dolor— y permanece firme en el ser espiritual. El canal o línea de comunicación, es eventualmente directo y eliminador desde el alma a la mente y desde la mente al cerebro.

Cuando alcanzamos el nivel físico de la conciencia y la reacción a la iluminación, que descienden al cerebro, generalmente tenemos dos objetos dominantes. Existe el sentimiento o la conciencia de una luz en la cabeza y con frecuencia también el estímulo de una actividad anormal. El hombre parece impulsado por la energía que fluye a través de él, y los días le parecen demasiado cortos para lo que quiere realizar. Se siente tan ansioso de colaborar en el Plan, con el cual se ha puesto en contacto, que su razonamiento momentáneamente se entorpece, y trabaja, habla, lee y escribe, con incansable vigor, no obstante desgastar su sistema nervioso y afectar su vitalidad. Todos los que trabajaron en el campo de la meditación, y trataron de enseñar este tema, observaron tal condición. El aspirante entra en el reino de la energía divina, descubre que responde intensamente a ella y presiente sus relaciones y responsabilidades grupales, y que debe hacer lo máximo posible para estar a la altura del grupo. Este registro de la constante afluencia de la fuerza vital es inminentemente característico, porque la coordinación entre el alma y su instrumento, y la consiguiente reacción del sistema nervioso a la energía del alma es tan íntima y precisa, que lleva al nombre bastante tiempo efectuar los ajustes necesarios.

Un segundo efecto, como hemos visto, es el reconocimiento de la luz en la cabeza. Este hecho está tan bien corroborado que no necesita mayor explicación. El Dr. Jung [25] se refiere a esto de la siguiente manera:

"... la visión-luz es una experiencia común para muchos místicos, e indudablemente de gran significación, porque en todo tiempo y lugar aparece como algo incondicional que reúne en sí misma el poder más grande y el significado más profundo. Hildegarde von Bingen, una destacada personalidad, aparte de su misticismo, explica su visión, en forma bastante similar dice: 'desde mi niñez veo siempre una luz en mi alma, pero no con los ojos externos ni por medio de los pensamientos en mi corazón; tampoco toman parte en esta visión los cinco sentidos externos>>... La luz que percibo no es de naturaleza local sino mucho más brillante que la nube que refleja el sol. No puedo distinguir en ella altura, anchura ni longitud... Lo que veo o aprendo en tal visión lo conservo por mucho tiempo en mi memoria. Veo, oigo y sé al mismo tiempo y lo aprendo en el mismo momento. No puedo reconocer forma alguna en esta luz aunque a veces veo en ella otra luz que conozco como luz viviente... Mientras gozo del espectáculo de esta luz, toda tristeza y dolor desaparecen de mi memoria...

"Conozco individuos que están familiarizados con este fenómeno por experiencia personal. Hasta donde he podido comprenderlo, el fenómeno parece que se relaciona con un estado de conciencia tan intenso como abstracto, una conciencia *desapegada*... de lo que, como Hildegarde observa oportunamente, trae a las zonas de la conciencia acontecimientos síquicos, comúnmente envueltos en la oscuridad. El hecho de que, en relación con esto, desaparezcan las sensaciones corporales generales, índica que su energía específica ha sido retirada y aparentemente ha pasado a aumentar la claridad de la conciencia. Por regla general, el fenómeno es espontáneo, viniendo y desapareciendo por propia iniciativa. Su efecto es asombroso porque trae casi siempre la solución de complicaciones psíquicas, con lo cual libera a la personalidad interna de complicaciones emocionales e imaginarias, creando así la unidad del ser, que se siente universalmente como 'liberación'".

Todo instructor de meditación experimentado puede, sin vacilación alguna, apoyar las anteriores palabras. El fenómeno es muy familiar y viene ciertamente a probar que existe una íntima correspondencia física con la iluminación mental. Cientos de casos se podrían presentar si la gente relatara sus experiencias, pero muchos se abstienen de hacerlo para no exponerse a las burlas o al escepticismo del ignorante. Esta luz en la cabeza asume diversas formas y, con frecuencia, es correlativa en su desenvolvimiento. Primero se ve una luz difusa; a veces fuera de la cabeza y posteriormente dentro del cerebro, mientras se piensa o medita profundamente; luego se centra más, y aparece, según lo expresan algunos, como un sol radiante y muy brillante. Después en el centro de esa radiación aparece un punto azul eléctrico vívido (quizás la "luz" viviente ya mencionada) y de allí arranca una dorada senda de luz hacia fuera, denominada Sendero, y posiblemente el profeta no habló en mero simbolismo, cuando dijo que "el sendero del justo es como brillante luz que aumenta hasta que el día sea con nosotros".

En esta luz en la cabeza, que se parece al acompañamiento universal del estado de iluminación, tenemos probablemente el origen del nimbo representado alrededor de la cabeza de los iluminados del mundo.

Debe investigarse aún mucho en esta dirección y contrarrestar la gran reticencia y los prejuicios. Muchos comienzan a registrar sus experiencias, pero no son los sicópatas de la raza, sino trabajadores serios y acreditados en los diversos campos del esfuerzo humano. Quizá no pase mucho tiempo antes de que el hecho de la iluminación sea reconocido como un proceso natural, y la luz en la cabeza considerada como indicios de cierta y definida etapa de coordinación e interacción entre el alma, el hombre espiritual y el hombre en el plano físico. Cuando esto suceda, nuestra evolución humana habrá llegado al punto en que el instinto, el intelecto y la intuición, podrán ser empleados a voluntad por el hombre entrenado y cabalmente educado, y proyectarse "la luz del alma" sobre cualquier problema. Así se manifestará en la Tierra la omnisciencia del alma.

Permítanme cerrar este capítulo con unas palabras escritas por un místico hinduista y otras por un místico cristiano moderno, como ejemplos típicos de los dos puntos de vista, el del místico y el del conocedor.

El hinduista dice:

"Se llaman Brahmines, sólo aquellos cuya luz interna actúa en ellos...; el alma humana es una lámpara que no puede ocultarse. La lámpara no emite los rayos de la carne, sino los rayos de la luz mental, para iluminar a toda la humanidad y es, por lo tanto, el canal para el alma del mundo. Los rayos de la luz mental ayudan a la humanidad durante su crecimiento y expansión mentales y, por lo tanto, la lámpara es uno de lo Eternos Brahmines del Mundo. Proyecta su luz en el mundo, pero no toma nada de lo que el mundo puede dar".

El cristiano escribe:

"¡He visto una vida ardiendo en Dios!
Padre mío, imparte
Tu bendición a una vida consumida por Dios,
para que pueda vivir para Ti.

¡Una vida de fuego! una vida que arde en Dios,
¡iluminada por los fuegos del amor de Pentecostés!
¡Una vida ardiendo!, ardiendo por amor a los hombres,
encendida desde arriba por la divina compasión.

¡Una vida ardiente!, que Dios pueda tomar y abandonarla
en la casa, en la calle o donde sea Su voluntad,
a fin de incendiar otra vida para Él
y así propagar aún más el fuego".

Así se pondrá en evidencia la etapa final del proceso de la meditación, que llamamos inspiración. Los grandes Seres de las edades, testimonian la posibilidad de esa vida. Se reconocieron a sí mismos corno Hijos de Dios y llevaron ese conocimiento a su plena realización en la encarnación física. Son los inspirados exponentes de la realidad de la verdad, de la inmortalidad del alma y de la existencia del reino de Dios. Son las luces que en los lugares oscuros, alumbran el camino de retorno al Hogar del Padre.

Notas:

1.   El Secreto de la Flor Dorada.
2.   The Endurjng Quest, págs. 238-40.

3.   Psychology and God, págs. 203-04.
4.   La Luz del Alma. Libro IV, Af. 18, 22, 23, 26, 27 y 28, Libro II, Af. 27-28.
5.   La Luz del Alma. Libro III, Af. 43.
6.   Iluminanda, pág. 93.
7.   The Idea of the Holy.
8.   Iluminanda, pág. 94.
9.   Ídem, pág. 21.
10.   Mysticism, pág. 206.
11.   Meister Eckhart, pág. 114, 83, 28.
12.   Mysteries of the Soul, pág. 336.
13.   Meister Eckhart, pág. 286
14.   Iluminanda, pág. 19.
15.   Mysticism, pág. 311
16.   Studies in the Psychology of de Mystics, pág. 98.
17.   Instinct and Intuition, pág. 85
18.   Philosophy of Change, pág. 21.
19.   Instinct and Intuition, pág. 132.
20.   Ídem, pág. 130.
21.   Intention, pág. 165.
22.   Quiet, pág. 629, por John Spencer Muirhead.
23.   Mysticism, pág. 431.
24.   Ídem, pág. 434
25.   El Secreto de la Flor Dorada.

CAPÍTULO OCTAVO

LA UNIVERSALIDAD DE LA MEDITACIÓN

"Ante cada hombre se abre
un Camino, y Caminos y un Camino.
Y el alma superior asciende por el Camino superior
y el alma inferior va a tientas por el inferior;
y entremedio, en las brumosas planicies,
los demás van a la deriva de aquí para allá.
Pero ante cada hombre se abre
un Camino superior y otro inferior,
y cada hombre decide
el Camino que debe seguir su alma".

JOHN OXENHAM

HEMOS delineado el método por el cual el místico puede convertirse en conocedor consciente y también definimos el desarrollo correlativo que con el tiempo produce la iluminación del cerebro físico e induce a llevar una vida inspirada en la tierra. Empezamos con el hombre que, habiendo agotado los recursos y las satisfacciones de vivir físico y enfrentando la inevitabilidad de una gran transición hacia otra dimensión de la vida, busca la senda hacia el conocimiento y la certeza. Descubre, si ha investigado imparcialmente, que han existido en todas las épocas quienes saben y penetraron hasta el corazón del misterio del ser, y regresaron trayendo la seguridad de la inmortalidad del alma y la realidad del reino de Dios. Hablan también de un método por el cual llegaron a esta captación de la Verdad divina, más una técnica que les posibilitó la transición del cuarto al quinto reino de la naturaleza.

Hallamos que en el transcurso de las edades, estos hombres iluminados dan testimonio de la misma verdad y afirman que este método universal les proporciona los siguientes resultados:

Primero: Una experiencia directa de las realidades divinas, de las verdades trascendentales y del mundo sobrenatural. Cuando se hace contacto con esto es un proceso tan natural y parte vital del desarrollo evolutivo, como cualesquiera de los procesos comprobados por las ciencias de la biología, de la física y de la química. Así como estas tres grandes ciencias son esotéricas e inalcanzables para el estudiante común, también la metafísica superior es esotérica e inalcanzable para el académico que carece de la necesaria amplitud de criterio y de un definido entrenamiento y equipo.

Segundo: El desarrollo y la revelación del yo. Mediante la educación mental y espiritual que la práctica de la meditación avanzada confiere, se resuelve el problema de los sicólogos respecto a la naturaleza del yo, el amo, la siquis, y la palabra siquis, nombre dado al alma, vuelve a su significado original. El proceso ha sido la revelación gradual y el acercamiento progresivo al alma, surgiendo la siquis en su verdadero ser.

Detrás de la materia existe un factor potente e inmanente, responsable de la coherencia de la naturaleza forma, y constituye la personalidad actuante en el mundo físico. Este factor puede ser considerado como el aspecto vida, con el cual luchan continuamente los estudiosos que tratan de llegar a su origen y a su causa. Aún más profundamente arraigado tenemos los aspectos, sentimiento, sufrimiento, experiencia y emoción del yo, actuando por medio del sistema nervioso y del cerebro y rigiendo muy poderosamente todas las actividades del mundo de los asuntos humanos. El hombre siente placer y dolor; está ensimismado en su estado de ánimo y reacciones emocionales hacia la vida y en sus preocupaciones y deseos de todo tipo. Esta es la vida personal común de la mayoría de nosotros, porque, en la actual etapa del desarrollo humano, sentimos más que pensamos. La razón de ello nos la da claramente Patanjali, [1] cuando dice:

"El sentido de lo personal se debe a que el conocedor se identifica con el instrumento del conocimiento... La ilusión de que el Perceptor y lo percibido son una y la misma cosa, es la causa (de los efectos que producen dolor) que debe evitarse".

En otra parte dice Patanjali [2] que la experiencia de la vida y el proceso de vivir y sentir en el plano físico viene de "... la incapacidad del alma para distinguir entre el yo personal y el espíritu o purusha. Las formas objetivas existen para uso (y experiencia) del hombre espiritual. Meditando sobre esto surge la percepción intuitiva de la naturaleza espiritual".

Mediante esta experiencia vital y por el proceso del deseo sensorio y de la percepción consiguiente, el hombre agota este aspecto de su naturaleza y penetra más profundamente, hasta llegar al tercer factor, la mente. El hombre se halla actualmente en este punto de la investigación, y la cuidadosa consideración de los procesos mentales y el estudio de las reacciones de la mente, sus causas y objetivos, absorben la atención de los sicólogos de todas partes. Entre ellos hay muchas escuelas de pensamiento que mantienen opiniones ampliamente divergentes, pero se acepta universalmente que existe algo llamado mente, lo cual influye acrecentadamente sobre la raza.

Desde este punto ¿a dónde vamos? En el transcurso de las edades hubo un gran progreso en la evolución de la conciencia humana; un constante crecimiento en la comprensión de la naturaleza y del mundo en que los hombres viven una creciente captación del Todo; hasta que hoy el mundo está unido por la radio, el telégrafo y la televisión. El hombre es omnipresente, y la mente es el principal factor que ha producido este aparente milagro. Hemos llegado a un entendimiento de las leyes que rigen al mundo natural y alguna de las que gobiernan el mundo síquico. Las leyes del llamado reino espiritual quedan por ser descubiertas y empleadas científicamente. Pocos las han conocido y hablaron de ellas a la humanidad, pero son utilizadas únicamente por los espíritus precursores de nuestra raza. Entre los pocos que aparecen como conocedores eminentes tenemos a Buda, Cristo, Platón, Aristóteles, Pitágoras, Meister Eckhart, Jacob Boehme, Spinoza —los nombres son muchos. Empecemos por formular las adecuadas preguntas; ¿ No es acaso posible que muchos cientos de personas están en condiciones de coordinar el cerebro, la mente y el alma, para trasponer el portal de la percepción mental hacia el reino de la luz, de la percepción intuitiva y el mundo de las causas? Desde el punto de vista del mundo mental, en que hemos penetrado, dejando atrás el cuerpo físico y la naturaleza síquica, ¿no podemos ahora continuar hacia el siguiente desenvolvimiento evolutivo? Poseyendo algún entendimiento de la naturaleza de la humanidad y de la mente, ¿no podemos empezar a captar la naturaleza de la intuición y actuar en otro reino con la misma comprensión y facilidad con que lo hacemos como hombres? Los Conocedores dicen que sí, e indican el camino.

Tercero: En el lenguaje de algunos de los precursores del reino, el tercer resultado de la meditación es encontrar a Dios. Relativamente tiene poca importancia lo que en forma detallada significa esa breve palabra de cuatro letras. No es más que un símbolo de la realidad. Cada religión mundial acepta la existencia de una vida inmanente en la forma y una causa que ha traído todas las cosas a la existencia. Todo ser humano es consciente internamente de luchas imprecisas (que se agudizan a medida que el intelecto se desarrolla) que llevan a conocer, entender y responder a las preguntas de ¿por qué y adónde? La mayoría de los hombres cualquiera sea la teología que profesan, al encontrarse ante el portal de la muerte, afirman su creencia en el Padre de los Seres y aceptan lo que implica esta Paternidad. Consideremos a Dios como ese "elevado y desconocido Propósito" que puede ser reconocido como el conjunto de formas, que expresan la Vida, y de todos los estados de conciencia y también como la vida misma; consideremos a la Deidad como aquello en que vivimos, nos movemos y tenemos nuestro ser, que actúa por medio de todas las formas en la naturaleza (incluyendo la forma humana), Su propio Plan incluyente y sintético. Los Conocedores dicen que cuando llegaron a un Camino mediante un método, y siguiendo ese camino entraron a un nuevo estado del ser, se les reveló el Propósito y el Plan divinos. Ellos pueden participar activamente en él y llegar a ser trabajadores conscientes e inteligentes en el aspecto evolutivo. Saben lo que está ocurriendo, porque han visto los anteproyectos.

Cuarto: Con las palabras de las escuelas de misticismo en ambos hemisferios, estos resultados están compendiados en las expresiones: Unión con Dios o Unificación con la Divinidad. Dios y el hombre están unificados. El yo y el no-yo están unificados. Tauler [3] lo dice:

"En esta unión... el hombre no llega a Dios por imágenes o meditaciones, ni por un esfuerzo mental superior, por un gusto ni por una luz, en verdad lo recibe a *Sí Mismo* internamente y en una forma que supera grandemente todo el sabor y la luz de los seres creados, la razón, la mesura y la inteligencia".

Todos los demás factores por debajo de la realidad espiritual son caminos hacia el centro y deben ser totalmente reemplazados durante el estado contemplativo, cuando el hombre sale de la conciencia de la forma y pasa a la realidad espiritual, el alma, la cual es parte consciente e indivisible del alma universal, por paradójico que parezca, y está desprovista de todo sentido de separatividad; de ahí que la unión con Dios sea un hecho conocido de la naturaleza, que siempre ha existido. El alma se reconoce conscientemente como una con Dios. Con estas ideas en nuestras mentes, y con una comprensión de la parte que ha desempeñado el intelecto, adquieren nueva claridad las palabras de San Pablo: "Que esta mente sea en vosotros como fue en Cristo Jesús, Quien siendo a imagen de Dios, no consideró usurpación ser igual a Dios".

Esta consumada unión (consumada en estado contemplativo) trae como resultado la iluminación de la mente y del cerebro, siempre que se hayan mantenido positivamente aquietados y a la expectativa. Cuando la iluminación es frecuente, y podemos atraerla finalmente a voluntad, produce con el tiempo una vida de inspiración.

Si estas etapas se comprenden y se denominan y si las personas inteligentes están dispuestas a someterse a la técnica delineada, muchos demostrarán esta ciencia divina. Podrá comprobarse la verdad de las palabras expresadas en mi libro [4] que dicen: "surgirá una nueva raza que poseerá nuevas capacidades e ideales y nuevos conceptos acerca de Dios y de la materia, de la vida y del espíritu. En dicha raza y humanidad futuras, se evidenciará no sólo un mecanismo y estructura, sino un alma, una entidad que, valiéndose del mecanismo, manifestará su propia naturaleza, que es amor, sabiduría e inteligencia".

Es interesante observar aquí la uniformidad de la enseñanza de todas las religiones y razas, respecto a la técnica para entrar en el reino del alma. Al parecer, en cierto punto del sendero de evolución, todos los caminos convergen y todos los peregrinos llegan a una posición idéntica en el Camino. Desde este punto de convergencia, siguen el mismo camino, emplean los mismos métodos y utilizan una fraseología curiosamente similar. Ha llegado el momento de comprender esto definitivamente, al observar la amplitud del estudio de las religiones comparadas y la interacción entre las razas. Ambos factores están derribando las antiguas barreras y demostrando la unicidad del alma humana. Hablando en términos generales, este Camino está casi universalmente dividido en tres secciones principales, que pueden verse, por ejemplo, en las tres grandes religiones: cristiana, budista e hindú. La iglesia cristiana habla del sendero de probación, del sendero de santidad y del sendero de iluminación. El Dr. Evans-Wentz de Oxford, en la introducción de su libro cita a un instructor hinduista en los siguientes términos:

"Las tres escuelas tibetanas principales marcan, a mi modo de ver, tres etapas en el sendero de iluminación o progreso espiritual. En la primera, el devoto está sujeto a advertencias y prohibiciones..., es decir, ligado por los reglamentos. En la segunda se adhiere a los métodos tradicionales..., donde en cierta medida no son tan estrictas las restricciones comunes, aunque el devoto aún no se ha liberado del todo. En la tercera, el Adi-Yoga, cuando se ve la luz por medio de las prácticas de la *yoga*, ya no hay restricciones, porque se ha alcanzado el estado de Buda... Estas tres etapas corresponden, hablando en forma general, a lo que los *Tantras* quieren dar a entender con las expresiones..., estados del hombre-animal, del héroe y del Divino Iluminado".

El Método del Budismo Tibetano

Al estudiar la vida de Milarepa, [6] el Santo del Tíbet, que vivió en los siglos XI y XII de la era cristiana, hallamos la afirmación de que obtuvo la unión por el método de la práctica de la meditación y, últimamente, la iluminación. Dice:

"Fue aquel que habiendo dominado las ciencias místicas y ocultas le fue comunicado... continuamente los cuatro estados beatíficos de la comunión del éxtasis...

"Fue aquel que, habiendo alcanzado la omnisciencia, la buena voluntad omnipenetrante, el amor que resplandece, juntamente con la adquisición de poderes y virtudes trascendentales, se convirtió en un Buda autodesarrollado, que sobresalió sobre todas las opiniones y argumentos contradictorios de las distintas sectas y credos...

"Fue el ser más diligente y perseverante en la meditación sobre el raro sendero. .. Habiendo adquirido pleno poder sobre los estados y facultades mentales internos, venció todos los peligros de los elementos externos...

"Fue un ser que practicaba en forma perfecta las cuatro etapas de la meditación (análisis, reflexión, bondad, beatitud). Éstos son los cuatro estados mentales progresivos que conducen a la completa concentración de la mente y producen la iluminación del éxtasis...

"Fue un sapientísimo profesor de la Ciencia de la Mente, y probó que la mente era, más allá de toda discusión, el principio y el fin de todos los fenómenos visibles, materiales y espirituales, cuyos rayos debe dejárselos brillar sin impedimentos, y se desarrollan (como bien sabía) en la triple manifestación del Ser divino universal, por medio de su propio y libre poder inherente".

Tenemos el mismo procedimiento —actividad mental, contemplación, unión e iluminación.

El Método del Budismo Chino.

Una de las principales contribuciones al proceso de iluminación es la comprensión de cómo el Buda halló la Luz, lo cual demuestra en forma notable, el empleo de la mente para vencer la ignorancia y su consiguiente inutilidad para conducir al hombre al mundo de la luz y del ser espiritual. El Dr. Suzuki, [7] Profesor del Budismo Zen en el Instituto Budista, en Kioto, habla sobre ello en los siguientes ilustrativos párrafos. Dice que por medio del "supremo y perfecto conocimiento", Buda alcanzó la sabiduría que, de un Bodhisattva, lo trasformó en Buda. Este conocimiento es:

"...una facultad intelectual y espiritual a la vez; mediante su actuación el alma puede romper las cadenas de la intelectualidad, que es siempre dualista, pues conoce el sujeto y el objeto; pero en prajña, sabiduría que se ejercita 'al unísono con la visualización de un solo pensamiento', no hay separación entre el conocedor y lo conocido; éstos se perciben en un sólo pensamiento, y la iluminación es consecuencia de ello...

"Vemos pues que la iluminación es un estado absoluto de la mente donde no hay discernimiento'... y exige un gran esfuerzo mental el alcanzar el estado de percepción de todas las cosas 'en un solo pensamiento'. En efecto, nuestra conciencia lógica y práctica, tiende demasiado al análisis y a la ideación, es decir, para comprender las realidades las separamos en elementos, pero cuando se las une para reconstruir el original, los elementos se destacan demasiado conspicuamente y no percibimos el todo 'en un solo pensamiento'. Y sólo cuando tenemos un 'solo pensamiento' alcanzamos la iluminación, entonces debe hacerse el esfuerzo de ir más allá de nuestra conciencia relativamente empírica... El hecho más importante subyacente en la experiencia de la iluminación es, por consiguiente, que Buda realizó el más arduo esfuerzo para resolver el problema de la ignorancia y ejerció el máximo poder de la voluntad para alcanzar el éxito en la lucha... La iluminación, en consecuencia, debe involucrar la *voluntad lo mismo que el intelecto*. Es un acto de intuición nacido de la voluntad... El Buda alcanzó esta finalidad cuando obtuvo una nueva percepción interna, al terminar su incesante razonamiento circulatorio de la decadencia y la muerte a la ignorancia, y de ésta, a la decadencia y la muerte... Pero poseía una voluntad indomable; quería con la máxima fuerza de su voluntad llegar a la real verdad de la cuestión; golpeó hasta que las puertas de la ignorancia cedieron y se abrieron ante un nuevo panorama, jamás presentado antes a su visión intelectual".

En páginas anteriores, el Dr. Suzuki señala que alcanzar el nirvana es, esencialmente y después de todo, la afirmación y la adquisición de la unidad. En el mismo escrito encontramos las palabras:

"Ellos (los budistas) descubrieron finalmente que la iluminación no era una cosa que pertenecía exclusivamente a Buda, sino que todos pueden alcanzarla si se liberan de la ignorancia, abandonando el concepto dual de la vida y el mundo; además llegaron a la conclusión de que el nirvana no significaba desaparecer en un estado de absoluta inexistencia; ni algo imposible mientras debamos tener en cuenta los hechos reales de la vida, y que el nirvana en su final significación era una afirmación más allá de todos los opuestos. [8]

El término "prajña", utilizado anteriormente, es muy interesante... Es "la presencia de una facultad en cada individuo... :es el principio que hace posible la iluminación en nosotros lo mismo que en Buda. Sin "prajña' no podría haber iluminación, el poder espiritual más elevado que poseemos. El intelecto... es relativo en su actividad... Buda antes de la iluminación era un común mortal, y nosotros, los mortales comunes, seremos Budas cuando nuestros ojos mentales se abran a la Iluminación". [9]

Tenemos aquí la mente enfocada y utilizada hasta su capacidad máxima y luego la cesación de tal actividad. Sigue después el empleo de la voluntad para mantener la mente firme en la luz, y entonces tendremos visión, esclarecimiento e iluminación.

El Método de la Yoga del Hinduismo.

Los hinduistas han analizado, quizás más claramente que ningún otro grupo de pensadores, el proceso de acercamiento mental a la realidad, y la parte que la mente debería desempeñar. Shankaracharya, citado por René Guénon [10] en su libro, dice:

"El yogui cuyo intelecto es perfecto, contempla todas las cosas como residiendo dentro de sí mismo (en su propio "yo', sin diferenciar lo interno ni lo externo) y así él, mediante el ojo del conocimiento (Jñana-chaksus, expresión que se puede traducir con bastante exactitud como 'intuición intelectual'), percibe (o más bien concibe), no en forma racional o discursiva, sino por percepción directa o inmediato asentimiento, que todo es atma".

El yogui o quien ha alcanzado la unión (puesto que yoga es la ciencia de la unión), se conoce a sí mismo como es en realidad. Descubre, una vez que la ignorancia cede su lugar al conocimiento trascendental, que está identificado con Brahma, la Causa Eterna, el Único y Solitario. Se conoce a sí mismo, más allá de toda controversia, como Dios, Dios inmanente y Dios trascendente. Y continúa diciendo: [11]

"Él es 'el Supremo Brahma, eterno, puro, libre, solo (en su absoluta perfección), incesantemente pleno de Beatitud, sin dualidad (no condicionado), Principio de toda existencia, conociendo (sin que este conocimiento implique distinción alguna entre sujeto y objeto, lo cual sería contrario a la no-dualidad) y sin fin".

"Él es *Brahma*, por quien todas las cosas se iluminan (participando de su Esencia de acuerdo a sus grados de realidad), Luz que hace brillar el sol y todos los cuerpos luminosos, pero no se manifiesta por su luz.

"Él 'Yo', iluminado por la meditación..., luego, ardiendo con el fuego del conocimiento (comprendiendo su esencial identificación con la Luz suprema), es librado de todo accidente... y brilla en su propio esplendor, como oro purificado en el fuego.

"Cuando el sol del Conocimiento espiritual nace en el cielo del corazón (es decir, en el centro del ser...), disipa la oscuridad (de la ignorancia, que vela la sola Realidad absoluta), lo compenetra todo, lo envuelve todo y lo ilumina todo".

El Padre Maréchal [12] dice:

"... la experiencia psicológica vivida por los contemplativos pasa por dos fases de concentración mental e inconsciencia, descritas por M. Oltramare, de acuerdo con el *Sarvadarsanasangraha*: 'En dos fases sucesivas el yogui absorbe anticipadamente la base de ulteriores existencias y borra las impresiones determinadas por la actual. En la primera es consciente...; luego el pensamiento está atento exclusivamente a su objeto apropiado, y todas las modificaciones del principio pensante quedan suspendidas en la medida que dependen de las capas externas; los frutos que obtiene bajo esta forma son visibles —la cesación del sufrimiento—, o invisibles —percepción inmediata del Ser, el objeto de la meditación... El segundo período de la yoga es inconsciente... el órgano pensante se resuelve en su causa..., la sensación de la personalidad se pierde, el sujeto que está meditando, el objeto que ocupa su pensamiento y el acto de la meditación misma, constituyen una sola cosa..."

Patanjali, el maestro más grande del mundo sobre la Ciencia de la Yoga, [13] ha condensado las etapas finales en su Libro IV, en las siguientes palabras:

"El estado de unidad aislada (absorbido en la verdadera naturaleza del yo) es la recompensa del hombre capaz de discriminar entre la sustancia mental y el yo, u hombre espiritual.

"El estado de unidad aislada es posible cuando las tres cualidades de la materia (los tres gunas o potencias de la naturaleza) ya no aferran al yo. La conciencia espiritual pura se retrotrae en el Uno".

"Cuando la inteligencia espiritual, que permanece sólo libre de objetos, se refleja en la sustancia mental, entonces se obtiene la conciencia del yo... Luego la mente tiende a... una creciente iluminación..."

Tenemos aquí el mismo concepto. El empleo de la mente, la abstracción final de la conciencia mental y la realización de la unidad. Esto tiende a la constante iluminación.

El Método del Sufisrno

Los escritos de los Sufíes están muy velados por la imaginería y el simbolismo y tienen un sentido de dualidad más pronunciado que quizá otro sistema religioso esotérico, excepto los escritos místicos cristianos. Pero de ellos surgen la misma expresión de la verdad y método básico. Los siguientes extractos tomados del más antiguo *Tratado Persa sobre Sufismo* lo demostrará. Es interesante observar que los escritos que más persisten y demuestran mayor y amplia utilidad, nos llegan de los Conocedores, donde relatan sus experiencias de la divinidad de tal modo, que puedan enseñar y delinear, lo mismo que declarar y afirmar. En el libro *The Kashf Al-Mahjúb* [14] se dice:

"El primer paso para la unificación es la aniquilación de la separación, porque separación es la declaración de que nos hemos apartado de las imperfecciones, mientras que la unificación es la declaración de la unidad de una cosa... En consecuencia, el primer paso hacia la unificación es negar que Dios tiene un asociado y apartar toda mezcla.

"Nuestros principios de unificación son cinco: la eliminación del fenomenismo, la afirmación de la eternidad, el alejamiento de los lugares familiares, la separación de los hermanos y el olvido de lo conocido y lo desconocido.

"La eliminación del fenomenismo consiste en negar que el fenómeno tenga relación con la unificación, o que los fenómenos puedan alcanzar Su santa esencia, y la afirmación de la eternidad consiste en convencernos que Dios siempre ha existido...; el alejamiento de los lugares habituales, para el novicio significa alejarse de los placeres habituales del alma inferior y de las formas de este mundo, y para el adepto, el abandono de los lugares elevados, de los estados gloriosos y los milagros excelsos; la separación de los hermanos significa alejarse de la sociedad humana e ir hacia la sociedad de Dios, pues un solo pensamiento que no sea el de Dios es un velo y una imperfección, y cuanto más se asocian los pensamientos del hombre con otro que no sea Dios, más velos cubren a Dios; porque universalmente se acepta que la unificación es la concentración del pensamiento, mientras que contentarse con otra que no sea Dios, significa dispersión del pensamiento..."

Encontramos en el mismo libro [15] estas palabras:

"Uno de los Shaykhs dice: 'Cuatro cosas son necesarias para quien ora: aniquilación del alma inferior, pérdida de los poderes naturales, pureza en lo íntimo del corazón y perfecta contemplación. La aniquilación del alma inferior se alcanza únicamente por la concentración del pensamiento, la pérdida de los poderes naturales, por la afirmación de la Majestad Divina, lo cual implica la destrucción de todo lo que no sea Dios; la pureza en lo íntimo del corazón se alcanza sólo por el amor, y la contemplación perfecta por la pureza de lo más íntimo del corazón'".

Tenemos así, nuevamente, la misma verdad.

El Método del Cristianismo.

Resulta fácil encontrar muchos pasajes que unen el camino del Conocedor cristiano con el de su hermano oriental. Dan testimonio de la misma eficacia del método y emplean también el intelecto hasta donde éste puede alcanzar y luego suspender todo esfuerzo, mientras se instituye una nueva condición del ser y sobreviene un nuevo estado de conciencia. San Agustín dice: "Así como es inefable lo que surge del Hijo y del Padre en el primer proceso, así también existe algo oculto tras el primer proceso, el intelecto y la voluntad". Meister Eckhart [16] se vincula con los Conocedores orientales en las siguientes palabras:

"El intelecto es el poder más elevado del alma, por el cual el alma capta el bien divino. Libre albedrío es el poder de saborear el bien divino que el intelecto lo hace conocer. La chispa del alma es la luz del Reflejo de Dios, que mira atrás, hacia Dios. El arcano de la mente es el conjunto, por así decirlo, de todo el bien divino, y los dones divinos en la más profunda esencia del alma, son un pozo sin fondo de bondad divina.

"Los poderes inferiores del alma deben estar supeditados a los superiores y los superiores a Dios; los externos a los internos y los internos a la razón, el pensamiento a la intuición y la intuición y todo, a la unidad; para que el alma pueda estar sola, sin que nada penetre en ella, sino la pura divinidad, fluyendo en sí misma.

"Cuando la mente del hombre haya perdido el contacto con todas las cosas, sólo entonces hará contacto con Dios.

"En este influjo de gracia, surge inmediatamente la luz de la mente, a la que Dios envía un rayo de Su límpido esplendor. En esta poderosa luz, un mortal se halla tan por encima de sus semejantes, como el hombre vivo lo está de su sombra en la pared.

"El hombre egoico trascendiendo su modalidad angélica y guiado por el intelecto, penetra en la fuente de donde afluyó el alma. El intelecto queda afuera con todo lo nombrado. Así el alma se fusiona en una pura unidad".

Las grandes escuelas de meditación intelectual (desprovistas de sentimiento y emoción en las etapas finales) conducen así al mismo punto. Desde el punto de vista del budismo, del hinduismo, del sufismo y del cristianismo, tenemos la misma meta básica: Unificación con la Deidad; la misma trascendencia de los sentidos; el mismo enfoque de la mente en su punto más elevado; la misma inutilidad aparente de la mente, más allá del punto que lleva al aspirante a su objetivo; la misma entrada en el estado de contemplación de la Realidad; la misma asimilación en Dios; la percepción de identidad con Dios, y la misma subsiguiente iluminación.

Todo sentimiento de separatividad ha desaparecido Existe unidad con el Universo; Identidad con el Todo; percepción consciente del Yo y asimilación, en plena conciencia vigílica, con la naturaleza interna y externa. Esta es la meta definitiva para quien busca el conocimiento.

El yo, el no-yo y la relación entre ambos, son conocidos corno un solo hecho, sin diferenciación. Se conoce a Dios Padre, Dios Hijo y Dios Espíritu Santo, actuando juntos sin razonamiento, corno una sola Identidad —los Tres en Uno y el Uno en Tres. Éste es el objetivo de todas las escuelas, en que el místico trasciende cl sentimiento y hasta el pensamiento y, finalmente, se une con el TODO. Sin embargo, la individualidad se mantiene en conciencia; pero está de tal manera identificada con el conjunto, que todo sentimiento de separatividad desaparece. Nada queda, sino la Unidad realizada.

Notas:

1.   La Luz del Alma, Libro II, Af. 6 y 17, por Alice A. Bailey.
2.   Ídem, Libro III, Af. 35.
3.   The Graces of Interior Prayer, pág. 80, citado por Poulain, R. P. S. J.
4.   El Alma y su Mecanismo. Cap. VII.
5.   Tibet's Great Yogi, Melarega, pág. 5.
6.   Evans-Wentx, W.Y., Tibet's Great Yogi, Milarepa, págs. 32, 33, 35, 38.
7.   Essays in Zen Buddhism, pág 113-115
8.   Essays in Zen Buddhism, pág. 47
9.   Ídem, págs, 52, 53.
10. Man and His Becoming, pág. 254.
11. Ídem, págs. 256, 258, 259, 260.
12. Studies in the Psychology of de Mystics, págs. 312, 313.
13. La Luz del Alma, Libro IV, Af. 22, 25, 34, por Alice A. Bailey.
14. Págs. 281, 282.
15. Págs. 302, 303.
16. Meister Eckhart, Franz Pfeiffer, págs. 61, 101, 144, 338.

CAPÍTULO NOVENO

LA PRÁCTICA DE LA MEDITACIÓN

"Debería tenerse en cuenta que la doctrina de este libro no instruye a todas las personas, sino únicamente a quienes mortificando en sumo grado los sentidos y las pasiones han avanzado y progresado en la oración, llamados por Dios a seguir el Camino interno, donde

Él los alienta y guía, siendo liberados de los obstáculos que impiden el logro de la perfecta Contemplación".

MIGUEL DE MOLINOS, The Spiritual Guide.

HASTA aquí nuestra exposición ha sido académica y comparativa, discursiva e informativa. Se ha delineado el Camino que muchos han seguido, y hemos considerado el Sendero hacia la Iluminación. Ahora corresponde comprender el trabajo práctico que nosotros mismos podemos realizar, de lo contrario el objetivo de nuestro estudio de la meditación se perderá y sólo habremos acrecentado nuestra responsabilidad, sin haber progresado realmente en el Camino.

Dos preguntas surgen de inmediato y reclaman nuestra atención.

Primero: ¿Puede, quien lo desee, beneficiarse con la práctica de la meditación y dominar su técnica?

Segundo: Los Conocedores orientales obtuvieron la iluminación, apartándose del mundo, aislados y en silencio. Las condiciones de vida de la civilización occidental lo impiden, por lo tanto, sin desaparecer en la soledad del mundo, en las selvas y las junglas y en el encierro monástico, ¿pueden esperarse resultados?

Vamos a considerar cada pregunta por separado. Ambas deben ser dilucidadas y contestadas antes de delinear la práctica de la meditación e indicar el adecuado método a seguir.

En respuesta a la primera, sobre la adaptabilidad de los aspirantes para este arduo trabajo, debe recordarse desde el comienzo, que el solo anhelo de emprenderlo puede considerarse que indica el llamado del alma hacia el Sendero del Conocimiento. No debemos amedrentarnos si en ciertas cosas esenciales descubrimos que carecemos de las cualidades necesarias. La mayoría estamos más avanzados, mejor equipados y somos más inteligentes de lo que creemos. Todos podemos empezar a practicar la concentración desde ahora, si queremos. Poseemos una gran masa de conocimientos, de poder mental, de actitudes, que nunca hemos extraído de los reinos del subconsciente, ni hemos llevado a la utilidad objetiva. Quien quiera haya observado los efectos de la meditación, producidos en el principiante, corroborará esta afirmación —a veces trae confusión mental a quien no sabe qué hacer con sus descubrimientos. Los resultados del primer paso en la disciplina de la meditación, es decir, la concentración, son a menudo sorprendentes. Las personas se descubren a sí mismas; descubren facultades ocultas y una comprensión que nunca habían aplicado; desarrollan una percepción, incluso del mundo fenoménico, que para ellas es milagrosa; repentinamente registran la existencia de la mente y de que pueden utilizarla, y la diferencia entre el Conocedor y el instrumento del conocimiento se hace cada vez más evidente y reveladora. Al mismo tiempo se produce una sensación de pérdida. Los antiguos estados de ensoñación, de beatitud y paz, otorgados por la oración y meditación mística, desaparecen, y se experimenta temporalmente un sentido de aridez, nulidad y vacuidad, siendo a menudo desesperante. Esto se debe a que el foco de la atención se ha alejado de las cosas de los sentidos, no importa lo bellas que sean. Las cosas que la mente conoce y puede registrar, aún no se han plasmado; tampoco el mecanismo sensorio hace su impacto familiar sobre la conciencia. Es un período de transición que debe mantenerse hasta el momento en que el nuevo mundo empiece a impresionar al aspirante. Ésta es una de las razones por las cuales la persistencia y la perseverancia deben desempeñar su parte, particularmente en las primeras etapas del proceso de la meditación.

Uno de los primeros efectos de la práctica de la meditación es comúnmente una creciente eficiencia en la vida diaria, sea en el hogar, en el trabajo o en cualquier campo de la actividad humana. Emplear la mente en los asuntos del vivir es en sí, un ejercicio de concentración y produce notables resultados. Alcance o no el hombre la iluminación final, mediante la práctica de la concentración y la meditación, habrá adquirido mucho y enriquecido grandemente su vida, aumentado mayormente su utilidad y poder y ampliado su esfera de influencia.

Por consiguiente, desde el punto de vista puramente mundano, es de gran utilidad aprender a meditar. ¿Quién podrá negar que una acrecentada eficiencia en la vida y en el servicio constituye un paso en la senda del progreso espiritual, como cualquier visión del místico? Los efectos espirituales de la dedicación mental, que el mundo de los negocios occidental manifiesta, pueden ser, en última instancia, una contribución vital a todo el esfuerzo espiritual, de tanto valor como cualquier efecto observable en el mundo del esfuerzo religioso organizado. Confucio enseñó hace siglos que los complementos de la civilización eran de carácter altamente espiritual, por el resultado de las *ideas*. Hu Shih en sus interesantes comentarios, dice "...es altamente idealista y espiritual la civilización que emplea plenamente el ingenio y la inteligencia humana en la búsqueda de la verdad, a fin de controlar la naturaleza y trasformar la materia en bien del género humano; liberar al espíritu humano de la ignorancia, de la superstición y de la esclavitud de las fuerzas de la naturaleza, y reformar las instituciones sociales y políticas en bien del mayor número — una civilización así es altamente idealista y espiritual". [1]

Nuestras ideas sobre lo que constituye la espiritualidad se han ampliado constantemente. Hemos visto a muchos miles de seres humanos que por el empleo del deseo, el sentimiento y las reacciones de la naturaleza emocional, alcanzaron un punto en que se vieron obligados a trasmutar el deseo en aspiración, el sentimiento en sensibilidad hacia las cosas del espíritu, y el amor a sí mismos en amor a Dios. Así surge el místico.

Por el empleo de la mente en el mundo de los negocios, en los trabajos profesionales, en la ciencia y en el arte, hemos presenciado dos hechos sorprendentes: Grandes empresas organizadas, con sus intereses egoístas e ideas materialistas fueron llevadas, no obstante, a una condición donde por primera vez se ha considerado seriamente la conciencia e interacción grupales y el interés del mayor número. Éstos son resultados puramente espirituales; indicios de la futura hermandad de las almas. La ciencia aplicada se ha desarrollado en todos los campos, en tal forma, que ha penetrado en el reino de la energía y de la metafísica pura. El estudio de la materia nos ha conducido a la esfera del misticismo y del transcendentalismo. La ciencia y la religión se están dando la mano en el mundo de lo invisible e intangible.

Éstos son pasos en la debida dirección. Cuando las facultades mentales se hayan desarrollado racialmente, gracias a nuestra técnica occidental en el mundo comercial (una vasta escuela de concentración), inevitablemente tendrá lugar una transmutación análoga a la de la naturaleza de deseos, como frecuentemente ha ocurrido. Entonces se podrá reorientar la mente hacia valores más reales y elevados, y enfocarla en una dirección que no sea la de la vida materialista. Así surgirá el Conocedor.

Todo aquél que no sea puramente emocional, que tenga una regular educación y esté dispuesto a trabajar con perseverancia, puede emprender el estudio de la meditación con ánimo, empezar a organizar su vida y dar los primeros pasos en el sendero hacia la iluminación, y tal organización constituye uno de los pasos más difíciles. Téngase presente que todo paso inicial es difícil, porque deben neutralizarse hábitos y ritmos de muchos años; pero una vez dados y dominados dichos pasos, el trabajo resulta más fácil. Es más dificultoso aprender a leer, que dominar un libro difícil.

La antigua ciencia de la meditación, "el camino soberano de la unión", como se lo ha denominado, podría también llamarse ciencia de la coordinación. Aprendimos ya a coordinar la naturaleza emocional sensoria y de deseos y el cuerpo físico, lográndolo a tal grado que estos estados son automáticos y a veces irresistibles; el cuerpo físico es ahora simplemente un autómata, la criatura del deseo, superior o inferior, bueno o malo, según el caso. Muchos están ya coordinando la mente con ambos y, mediante los difundidos sistemas educativos actuales, fusionamos en una unidad coherente esa totalidad que constituye el ser humano: la naturaleza mental, emocional y física. Mediante la concentración y los primeros aspectos de la práctica de la meditación, se apresura grande-mente esta coordinación, seguida por la unificación de otro factor en la triplicidad del hombre, el factor alma, el cual ha estado siempre presente como lo ha estado la mente en los seres humanos (excepto en los idiotas), pero se mantiene pasiva hasta el momento oportuno cuando se ha hecho el trabajo necesario. Todo es cuestión de conciencia. El Profesor Max Muller [2] dice:

"Debemos recordar que el principio fundamental de la filosofía Vedanta no es: 'Tú *eres* Él' sino 'Tú *eres* Ése'. No era: Tu *serás*; sino Tú *eres*. 'Tú *eres'* expresa algo que es, que ha sido y que siempre será; no algo que aún debe alcanzarse o vendrá, por ejemplo, después de la muerte... Por el verdadero conocimiento el alma individual no se convierte en Brahma, sino que *es* Brahma, en cuanto sabe que realmente es, y que siempre lo ha sido".

La misma verdad hace resaltar San Pablo cuando habla de "Cristo en mí esperanza es de gloria". Esta Realidad interna es conocida por la mente entrenada y enfocada; el Tres en Uno y el Uno en Tres, son hechos probados en la evolución de la vida de Dios en el hombre.

Se evidencia por lo tanto que la respuesta a nuestra primera pregunta es:

Primero: Aceptamos la hipótesis de que existe un alma y que esta alma puede ser conocida por el hombre capaz de entrenar y controlar su mente.

Segundo: Con esta hipótesis como base empezamos a coordinar los tres aspectos de la naturaleza inferior y a unificar la mente, las emociones y el cuerpo físico, en un todo organizado y comprensivo. Esto se logra mediante la práctica de la concentración.

Tercero: A medida que la concentración se fusiona con la meditación (acto de concentración prolongada) se hace sentir la imposición de la voluntad del alma sobre la mente. Poco a poco, el alma, la mente y el cerebro, se ponen en armonía. En primer lugar la mente controla al cerebro y a la naturaleza emocional, luego el alma controla a la mente. Lo primero es consecuencia de la concentración; lo segundo, de la meditación.

De esta correlatividad de actividades, el investigador interesado logrará comprender que hay un verdadero trabajo que realizar y que la primera cualidad necesaria es perseverancia. Cabe observar aquí dos cosas que ayudan en la tarea de coordinación: Una, el esfuerzo para lograr el control de la mente, al intentar llevar una vida de concentración. La vida de consagración y dedicación, tan característica del místico, da lugar a la vida de concentración y meditación, característica del conocedor, y la organización de la vida mental en todo momento y en todas partes. Otra, la práctica regular de la concentración, diariamente a la misma hora si es posible, proporciona la actitud unilateral, siendo ambas la base del éxito. La primera toma algún tiempo, pero puede iniciarse inmediatamente. La segunda requiere períodos de concentración establecidos, y su éxito depende de dos cosas: regularidad y persistencia. En el primer caso el éxito depende, en su mayor parte, de la persistencia y también del empleo de la imaginación. Mediante la imaginación asumimos la actitud del Observador, el Perceptor. Nos imaginamos ser el Uno que está pensando (no sintiendo), y firmemente guiamos en todo momento nuestros pensamientos de acuerdo a las líneas elegidas, pensando sobre lo que queremos y negándonos a pensar en lo que queremos excluir, no por el método de la inhibición, sino por el interés dinámico puesto en otra cosa. No permitimos a nuestra mente divagar a voluntad, o ser impulsada a la actividad por nuestros sentimientos y emociones, o por corrientes mentales del mundo que nos circunda. Nos obligamos a poner atención en todo cuanto hacemos, la lectura de un libro, el desempeño de nuestras tareas en el hogar o en el negocio, la vida social o profesional, la conversación con un amigo, o cualquier otra actividad del momento. Si la ocupación es de tal naturaleza que se puede realizar instintivamente y no exige el empleo activo del pensamiento, podemos elegir una línea de actividad mental, o cadena de razonamiento, y seguirla comprensivamente, mientras nuestras manos y ojos estén ocupados en lo que está haciendo.

La verdadera concentración nace de una vida concentrada y regida por el pensamiento. El primer paso para el aspirante es empezar por organizar su vida diaria, regularizar sus actividades de manera que su vida esté centrada y sea unilateral. Esto puede hacerlo quien tiene bastante interés en realizar el esfuerzo necesario y es capaz de llevarlo a cabo con perseverancia. Este es el primer requisito básico; cuando reorganizamos y ajustamos nuestra vida, ponemos a prueba nuestro temple y la fortaleza de nuestro deseo. Se observará que para el individuo de vida centralizada no cabe la negligencia en el deber. Cumple con sus deberes familiares, sociales, comerciales y profesionales, completa y eficientemente, y aún halla tiempo para los nuevos deberes que su aspiración espiritual le impone, porque comienza a eliminar de su vida lo no esencial. No evade ninguna obligación, porque la mente enfocada permite al hombre hacer más cosas que antes, en menos tiempo, y logra mejores resultados de sus esfuerzos. Las personas regidas por sus emociones, malgastan mucho tiempo y energía y realizan menos que las personas mentalmente enfocadas. La práctica de la meditación es mucho más fácil para el individuo entrenado en los métodos comerciales, que ha ascendido al rango de ejecutivo, que para el trabajador mecánico, irreflexivo, o para la mujer que lleva una vida puramente social o del hogar. Estos deben aprender a organizar sus días y abandonar sus actividades no esenciales. Son los que siempre están demasiado ocupados para todo, y les resulta insuperable encontrar veinte minutos cada día para la meditación, o una hora para el estudio. Se hallan tan ocupados con las amenidades sociales, la rutina del hogar, las multitudes de pequeñas actividades y conversaciones sin sentido, que no se dan cuenta que por la práctica de la concentración, pueden hacer mucho más y mejor de lo hecho hasta ahora. Al ejecutivo entrenado, de vida activa y plena, le resulta más fácil encontrar el momento adicional que requiere el alma. Siempre tiene tiempo para algo más. Ha aprendido a concentrarse y frecuentemente a meditar; lo único que necesita es cambiar el foco de su atención.

La respuesta a la segunda de las preguntas, sobre la necesidad de retirarse a la soledad a fin de evocar el alma, nos brinda la oportunidad de una o dos consideraciones interesantes. Del estudio de las condiciones en que se halla el aspirante occidental moderno, se evidencia que debe desechar el cultivo de la naturaleza del alma, hasta que pueda adaptarse a la antigua regla de retirarse, o formular un nuevo método y adoptar una nueva actitud. Muy pocos estamos en posición de renunciar a nuestras familias y responsabilidades, y desaparecer del mundo de los hombres para meditar y buscar la iluminación, bajo nuestro particular árbol Bo. Vivimos en medio de una multitud y una condición caótica, que hace imposible toda esperanza de rodearnos de paz y quietud. ¿Es insuperable el problema? ¿No hay manera de sobreponernos a esa dificultad? ¿Tenemos que renunciar a toda esperanza de iluminación, porque no podemos (por la fuerza de las circunstancias, el clima y las causas económicas) desaparecer del mundo de los hombres y buscar el reino del alma?

Indudablemente la solución no está en renunciar a las posibilidades, de las cuales los hombres de los primeros siglos y razas testimonian, sino en la recta comprensión de nuestro problema y en el privilegio que tenemos de demostrar un nuevo aspecto de la antigua verdad. Los occidentales pertenecemos a una raza más joven. En el milenario Oriente, unos pocos precursores aventureros buscaron la soledad, aseguraron las oportunidades y conservaron las reglas. Protegieron la técnica hasta el momento en que las masas estuvieran preparadas para avanzar en gran número, y no de uno o dos a la vez. Ese momento ha llegado. En medio de la tensión y agitación del moderno vivir, en la jungla de nuestras grandes ciudades, en medio del estruendo y bullicio de la vida y el intercambio diario, los individuos pueden descubrir y descubren, el centro de paz dentro de sí mismos y pueden entrar y entran, en ese estado de positiva concentración silenciosa que les permite llegar a la misma meta, obtener el mismo conocimiento y penetrar en la misma Luz, de que los grandes Personajes de la raza dieron testimonio. El lugar solitario en que el hombre se retrae lo descubre en sí mismo; el lugar de silencio, donde establece contacto con la vida del alma, es ese punto dentro de la cabeza donde el alma y el cuerpo se unen, esa región, ya referida, donde se mezclan y fusionan la luz del alma y la vida del cuerpo. El hombre que puede entrenarse para estar suficientemente centralizado puede retirar sus pensamientos en un centro dentro de sí mismo, en cualquier momento y en cualquier lugar. Allí se realiza la gran obra de unificación, e implica atención más dinámica y meditación más poderosa; la fuerza interna y el poder mental de la raza ha progresado y aumentado en los últimos tres mil años y puede hacer lo que no era posible para los videntes de la antigüedad.

Una tercera pregunta surge aquí. ¿Qué le ocurre, en realidad, sicológica y fisiológicamente, al aspirante durante la meditación? La respuesta es: Muchas cosas. Psicológicamente hablando, la mente queda controlada y bajo el dominio del alma; al mismo tiempo, no hay negación de las facultades mentales comunes, las cuales pueden ser utilizadas más fácilmente, y la mente se hace más aguda. Se adquiere la facultad de pensar con más claridad. El aspirante descubre que además de poder registrar impresiones del mundo fenoménico, puede también registrar las del mundo del espíritu. Posee poder mental en dos sentidos, y la mente se convierte en agente coordinador y unificador. La naturaleza emocional, a su vez, queda dominada por la mente y se la mantiene quieta y tranquila y, por consiguiente, no obstaculiza la afluencia de conocimiento espiritual al cerebro. Una vez producidos ambos efectos, tienen lugar en la cabeza ciertos cambios en el mecanismo mental y perceptivo —según los Conocedores orientales, y la evidencia parece confirmarlo. Los pensadores avanzados de Occidente, como ya vimos, ubican las facultades mentales superiores y el asiento de la intuición, en la parte superior del cerebro, y las facultades mentales inferiores y las reacciones emocionales elevadas, en la parte inferior del cerebro. Esto coincide con la enseñanza oriental de que el alma (con su conocimiento superior y la facultad de percepción intuitiva) tiene su asiento en un centro de fuerza situado en la región de la glándula pineal, mientras que la personalidad tiene su asiento en un centro de fuerza situado en la región del cuerpo pituitario.

La hipótesis, sobre la cual se desarrollará, con el tiempo, la nueva escuela en el campo de la educación (si las teorías propuestas en este libro tienen una base real) podría exponerse en las siguientes proposiciones:

Una: El centro de energía por intermedio del cual actúa el alma se halla en la parte superior del cerebro. Durante la meditación, si ésta es efectiva, la energía del alma afluye al cerebro y produce un efecto preciso sobre el sistema nervioso. Pero si la mente no está controlada y predomina la naturaleza emocional (como ocurre en el caso del místico puro), el efecto se hace sentir principalmente en el mecanismo sensorio, en los estados emocionales del ser. Cuando la mente es el factor dominante, entonces el mecanismo mental de la parte superior del cerebro entra en actividad organizada. El hombre adquiere una nueva capacidad para pensar clara, sintética y poderosamente, a medida que descubre nuevas regiones del conocimiento.

Dos: En la región del cuerpo pituitario tenemos el asiento de las facultades inferiores, cuando están coordinadas en el ser humano de tipo superior. Allí se coordinan y sintetizan y —de acuerdo a ciertas escuelas acreditadas de sicología y endocrinología— residen las emociones y los aspectos más concretos de la mente (derivados de hábitos raciales e instintos heredados), y por lo tanto no exigen el ejercicio de la mente creadora o superior. Éste fue el tema de mi anterior libro *El Alma y Su Mecanismo*, y no me extenderé sobre ello.

Tres: Cuando la personalidad (los estados físicos, emocional y mental) es de orden elevado, el cuerpo pituitario actúa con creciente eficacia, y la vibración del centro más cercano de energía llega a ser muy potente. Debe observarse que de acuerdo a esta teoría, cuando la personalidad es de orden inferior, cuando las reacciones son principalmente instintivas y la mente prácticamente está inactiva, entonces el centro de energía está cercano al centro plexo solar y predomina en el hombre la naturaleza animal.

Cuarto: El centro, situado en la región de la glándula pineal, y la parte superior del cerebro, entran en actividad cuando se aprende a enfocar atentamente la conciencia en la cabeza. En los libros orientales esto se denomina con el interesante término "correcto retiro o correcta abstracción". Significa que debe desarrollarse la capacidad de subyugar la tendencia de los cinco sentidos a exteriorizarse. Así se enseña al aspirante el correcto retiro o abstracción de la conciencia, que dirige externamente al mundo fenoménico y así aprende a concentrar la conciencia en la gran usina central de la cabeza, desde donde puede distribuirse conscientemente la energía a medida que participa de la gran tarea; desde allí puede también establecer contacto con el reino del alma y recibir los mensajes e impresiones que emanan de ese reino. Ésta es una etapa definida de realización y no simplemente un modo simbólico de expresar interés en una sola dirección.

Las diversas avenidas de percepción de los sentidos se aquietan, y la conciencia del hombre real ya no afluye externamente a través de sus cinco avenidas de contacto. Los cinco sentidos quedan dominados por el sexto, la mente, y toda la conciencia y la facultad perceptiva del aspirante se sintetizan en la cabeza y se dirige hacia dentro y hacia arriba. De esta manera la naturaleza síquica queda subyugada y el plano mental se convierte en el campo de la actividad del hombre. Este proceso de retiro o abstracción, se verifica en etapas:

1.   El retiro de la conciencia física o de percepción, por medio del oído, el tacto, la vista, el gusto y el olfato. Estos medios de percepción quedan momentáneamente dormidos. La percepción del hombre es puramente mental y la conciencia del cerebro es lo único activo en el plano físico.

2.   El retiro de la conciencia en la región de la glándula pineal, de modo que el punto de comprensión del hombre se centralice en la región situada entre el medio de la frente y la glándula pineal. [3]

Quinto: Cuando se ha hecho esto y el aspirante adquiere facilidad para enfocarse en la cabeza, el resultado de este proceso de abstracción es el siguiente:

Los cincos sentidos van siendo sintetizados constantemente por el sexto, la mente. Éste es el factor coordinador. Más tarde, percibe que el alma tiene análoga función. La triple personalidad se pone así en comunicación directa con el alma y, por lo tanto, el hombre llega a ser con el tiempo inconsciente de las limitaciones de la naturaleza corporal, y el cerebro puede ser entonces impresionado directamente por el alma vía la mente. La conciencia del cerebro se mantiene en una condición de espera positiva con todas las reacciones del mundo fenoménico totalmente inhibidas, aunque temporalmente.

Sexto: La personalidad intelectual, de alto desarrollo, con su foco de atención localizado en la región del cuerpo pituitario, empieza a vibrar al unísono con el centro superior en la región de la glándula pineal. Entonces se establece un campo magnético entre el aspecto positivo del alma y la personalidad en expectativa, que se hace receptiva, debido al proceso de atención enfocada. Se dice que entonces irrumpe la luz, el hombre logra la iluminación y aparece la luz fenoménica en la cabeza. Todo esto es el resultado de una vida disciplinada y del enfoque de la conciencia en la cabeza, producido a su vez por el intento de concentrarse en la vida diaria y mediante determinados ejercicios de concentración. A esto le sigue el esfuerzo de la meditación y más tarde —mucho después— se hace sentir el poder de la contemplación.

Éste es un breve resumen de la mecánica del proceso, siendo necesariamente sucinto e incompleto. Sin embargo, estas ideas deben ser aceptadas provisionalmente, antes de poder emprender con inteligencia la práctica de la meditación. Aceptar una hipótesis como la indicada, es tan justificable como aceptar cualquier otra, como base práctica para la investigación y la conducta. Quizá sea más justificable su aceptación, porque tantos miles de personas prosiguieron de acuerdo con ella, llenaron los requisitos necesarios y como resultado, cambiaron la suposición en certidumbre, y en recompensa obtuvieron amplitud mental, persistencia y descubrimiento.

Habiendo formulado nuestra hipótesis y aceptándola momentáneamente, continuaremos con el trabajo hasta comprobar su falsedad, o mientras nos interesa. Una hipótesis no será necesariamente falsa por no lograr probarse a sí misma en el plazo que consideramos adecuado. La gente abandona frecuentemente su búsqueda en este campo del conocimiento, porque carece de la necesaria perseverancia o su interés se transfiere a otra parte. Sin embargo, hemos determinado seguir adelante con nuestra investigación y dar tiempo a que las técnicas y fórmulas antiguas se comprueben a sí mismas. Cumpliremos los primeros requisitos y trataremos de que nuestra vida sea influida por una actitud mental más concentrada, a fin de practicar la meditación y concentración diariamente. Si somos principiantes o poseemos una mente desordenada, fluídica, versátil o inestable, empezaremos por practicar la concentración. Si somos intelectuales disciplinados, lo único que debemos hacer es reorientar la mente hacia un nuevo campo de conocimiento y empezar a meditar verdaderamente. Es fácil enseñar a meditar al hombre cuyo interés se cifra en los negocios.

Luego se intenta regular la práctica de la meditación y se fija cada día un determinado momento para ello. Al principio, quince minutos son suficientes, y no debería intentarse practicarla durante más tiempo el primer año. En verdad podría decirse que no está interesado quien dice no disponer de quince minutos de los mil cuatrocientos cuarenta que constituye un día. Quince minutos pueden encontrarse mientras pongamos voluntad para el esfuerzo; es siempre posible levantarse quince minutos más temprano o prescindir de la charla matinal con la familia, la lectura de un libro, el cine u otras cosas durante el día. Seamos honestos con nosotros mismos y reconozcamos las cosas tal cual son. La excusa "no tengo tiempo", es completamente vana, e indica simplemente falta de interés. Consideremos las reglas sobre las cuales vamos a proceder.

Ante todo, procuraremos hallar tiempo por la mañana temprano para la práctica de la meditación. La razón estriba en que después de haber participado de los acontecimientos del día y en el toma y daca general de la vida, la mente está en un estado de violenta vibración, lo cual no sucede si la meditación es la primera práctica de la mañana. Entonces la mente está relativamente aquietada y puede sintonizarse más rápidamente con los estados superiores de conciencia. Si iniciamos el día enfocando nuestra atención en cosas espirituales y cuestiones del alma, vivimos el día en forma muy distinta. Si esta práctica se convierte en hábito, veremos muy pronto cambiar nuestras reacciones a las incidencias de la vida y empezaremos a pensar lo que el alma piensa. Entonces se realiza el proceso de la actuación de una ley, porque "como el hombre piensa, así es él".

Luego trataremos de buscar un lugar realmente tranquilo y libre de intromisiones. No quiero decir tranquilo en el sentido de que no haya ruido, porque el mundo está lleno de sonidos, y a medida que nuestra sensibilidad aumenta, descubriremos que es más ruidoso de lo que pensábamos, pero libre de todo acercamiento y exigencias de otras personas. Quisiera indicar una actitud que todo principiante debería asumir. Es la actitud de silencio. Los aspirantes a la meditación hablan mucho de la oposición que encuentran por parte de la familia y los amigos; el marido objeta que su mujer medita, o viceversa; los hijos despreocupados o desconsiderados interrumpen las devociones de los padres; los amigos no simpatizan con el intento. En la mayoría de los casos es culpa del aspirante mismo, sobre todo las mujeres. La gente habla demasiado. A nadie le importa qué hacemos durante quince minutos de nuestro tiempo cada mañana y no es necesario hablar de ello a la familia, ni exigirles estar quietos porque queremos meditar. Inevitablemente esto evocará una reacción contraria. Por lo tanto no divulguemos el método de desarrollar la conciencia espiritual, pues es un asunto exclusivamente nuestro. Guardemos silencio sobre lo que hacemos; no dejemos libros ni escritos en cualquier parte, tampoco diseminemos por la casa literatura que no interesa en lo más mínimo al resto de la familia. Si es imposible tener un momento pata meditar, antes que la familia se disperse para los quehaceres del día, o antes de iniciar nuestra tarea, busquemos el momento propicio durante el día. Siempre hay una salida para cualquier dificultad si lo deseamos suficientemente, en forma que no signifique eludir deberes u obligaciones. Simplemente requiere organización y silencio.

Encontrado el momento y el lugar, sentémonos cómodamente y empecemos a meditar. Entonces surge la pregunta ¿cómo debemos sentarnos?, ¿Cuál es la mejor posición, las piernas cruzadas, arrodillados, sentados o de pie? La posición más fácil y normal es siempre la mejor. La posición con las piernas cruzadas ha sido, y aún es, la más corriente en Oriente, y se han escrito muchos libros sobre posturas, de las cuales hay aproximadamente ochenta. El hecho de haberlo utilizado en el pasado y en Oriente, no significa que sea la más cómoda para nosotros en la actualidad y en Occidente. Estas posturas son costumbres de la época en que la raza era entrenada psicológica y emocionalmente, y se parece mucho a la disciplina que se le impone a un niño cuando se lo manda a un rincón y se le ordena quedarse quieto. Algunas de las posturas tienen también relación con el sistema nervioso y con esa estructura interna de nervios sutiles que los hindúes denominan nadis, que subyacen en el sistema nervioso, como se lo conoce en Occidente.

El inconveniente de tales posturas conduce a dos reacciones, hasta cierto punto indeseables; nos llevan primero, a concentrar la mente en la mecánica del proceso y no en su finalidad; segundo, con frecuencia producen un agradable sentido de superioridad, basado en la intención de hacer algo que la mayoría no hace y que permite destacarnos como conocedores en potencia. Nos absorbe el aspecto forma de la meditación y no el Originador de la forma. Nos preocupamos del no-yo en lugar del yo. Debemos elegir esa postura que nos haga olvidar más fácilmente el cuerpo físico. Para el occidental probablemente la mejor postura es estar sentado: lo importante es que nos sentemos erguidos, con la columna vertebral en línea recta, relajados (sin dejarse caer) para que no haya tensión en ninguna parte del cuerpo, bajando la barbilla parcialmente a fin de eliminar toda tensión en la nuca. Hay personas que cuando meditan sentadas, miran el techo con los ojos firmemente cerrados, como si el alma estuviera allí, en posición extremadamente rígida, apretando fuertemente los dientes (quizás para impedir que se les escapen palabras inspiradas llegadas del alma). Todo el cuerpo está tenso y rígido. Estas personas se sorprenden cuando nada ocurre, excepto fatiga y dolor de cabeza. El retiro de la conciencia de los conductos de los sentidos no implica la transferencia de la sangre del cuerpo a la cabeza, ni el aceleramiento sin control de las reacciones nerviosas. La meditación es un acto interno y se practica con éxito sólo cuando el cuerpo está relajado, en posición adecuada y, luego, olvidado.

Las manos deben estar entrelazadas en el regazo y los pies cruzados. Si aceptamos lo que el científico occidental dice, cuando afirma que el cuerpo humano es en realidad una batería eléctrica, probablemente su hermano oriental esté también en lo cierto cuando afirma que la meditación es la unión de la energía negativa y de la positiva, y que por este medio se produce la luz en la cabeza. En consecuencia es prudente cerrar el circuito.

Obtenida la comodidad física y el relajamiento, y habiendo retirado la conciencia del cuerpo, observamos a continuación nuestra respiración. Veamos si es tranquila, pareja y rítmica. Considero útil hacer una advertencia acerca de los ejercicios respiratorios, que no son recomendables sino para quienes primeramente han practicado durante años en debida forma la meditación y la purificación de la naturaleza corpórea. Mientras no se tenga experiencia y pureza, la práctica de ejercicios respiratorios ofrece verdadero peligro. Nunca se hará resaltar esto suficientemente. Existen hoy muchas escuelas que dan instrucciones sobre respiración y muchos dicen que la respiración es un medio para el desarrollo espiritual. Sin embargo, nada tienen que ver con esto, pero sí con el desarrollo psíquico, y su práctica conduce a muchas dificultades y peligros. Es posible, por ejemplo, desarrollar la clariaudiencia y clarividencia mediante la práctica de ciertos ejercicios respiratorios; pero, si no se tiene una verdadera comprensión del proceso y si la mente no ejerce el correcto dominio de la "versátil naturaleza síquica", quien lo practique sólo logrará entrar por la fuerza en nuevos campos de fenómenos, desarrollar facultades que es incapaz de controlar, y muchas veces descubrir que no puede excluir sonidos y visiones que aprendió a registrar, y al no poder evadir los contactos síquicos y físicos, es impulsado en dos direcciones, sin hallar paz alguna. Los sonidos y las visiones físicas son herencia normal, y lógicamente hacen su impacto sobre los sentidos; pero cuando el mundo psíquico —con sus propias visiones y sonidos— hace también impacto, se encuentra perdido, no puede cerrar los ojos ni apartarse del indeseable medio ambiente psíquico.

Un doctor en teología y pastor de una numerosa congregación me escribió hace poco, diciéndome que practicaba ejercicios de respiración, con la idea de mejorar su salud, indicados por, un instructor que había llegado a donde él vivía. El resultado de su ignorancia, aunque bien intencionada, fue que se le abrió síquicamente el oído interno. Decía en su carta: "A medida que le escribo a máquina, oigo toda clase de voces, palabras y sonidos que no son físicos. No puedo silenciarlos y temo enloquecer. ¿Quisiera decirme por favor qué puedo hacer para eliminarlos?" Durante los últimos diez años, varios cientos de personas me pidieron ayuda debido a los efectos producidos al seguir indiscriminadamente los consejos vertidos por quienes instruyen sobre la respiración. Casi todos desesperados y frecuentemente en serias condiciones psíquicas. Algunos fueron ayudados, pero nada pudimos hacer por otros, que terminaron en el manicomio o en clínicas de desequilibrados mentales. Mi gran experiencia sobre estos casos me obliga a formular esta advertencia, porque la mayoría de los trastornos síquicos incontrolables provienen de la práctica de ejercicios respiratorios.

En las antiguas enseñanzas de Oriente no se permitía el control de la respiración, sino después de haberse perfeccionado en los tres primeros "medios de unión". Estos "medios" son: Primero, los cinco mandamientos, que son: inofensividad, veracidad, no hurtar, continencia e inavaricia. Segundo, las cinco reglas, que son: purificación interna y externa, gozo, ardiente aspiración, lectura espiritual y devoción. Tercero, correcto aplomo. Cuando una persona es altruista e inofensiva en pensamiento, palabra y acción y conoce el significado de la posición adecuada —la postura emocional lo mismo que física— entonces verdaderamente puede practicar ejercicios de respiración con la adecuada instrucción, y hacerlo sin peligro. Aún así, lo único que conseguirá es unificar las energías vitales del cuerpo y llegar a ser un psíquico consciente; pero esto puede tener su utilidad y objetivo si quien lo practica se considera un investigador y experimentador.

El no haberse ajustado a los pasos preliminares necesarios ha conducido a dificultades a más de un investigador digno. Es peligroso para una persona emotiva y débil, hacer ejercicios de respiración con el fin de apresurar su desarrollo; cualquier instructor que trate de enseñar estos ejercicios a grupos numerosos, como frecuentemente sucede, se expone a dificultades, tanto él como sus seguidores. Los instructores elegían antiguamente a algunos individuos para este tipo de enseñanza, que, sumado al entrenamiento, había producido ya cierta medida de contacto con el alma, pudiendo ésta guiar las energías evocadas por la respiración, impulsar sus objetivos y servir mundialmente.

Por lo tanto, lo único que debemos procurar es que nuestra respiración sea tranquila y regular; entonces retiraremos totalmente nuestro pensamiento del cuerpo y empezaremos la tarea de concentración.

El siguiente paso en la práctica de la meditación es el empleo de la imaginación. Nos imaginamos al triple hombre inferior alineado, o en comunicación directa con el alma. Hay varias maneras de hacerlo. A esto lo llamamos práctica de la visualización. La visualización, la imaginación y la voluntad, parecen ser tres factores muy potentes en todo proceso creador. Son las causas subjetivas de muchos de nuestros efectos objetivos. Al principio la visualización es en gran parte cuestión de fe experimental. Sabemos que mediante el proceso de razonamiento, llegamos a la comprensión de que dentro y más allá de los objetos manifestados, existe un objeto o canon ideal, que está tratando de manifestarse en el plano físico. La práctica de la visualización, la imaginación y el empleo de la voluntad, son actividades calculadas para acelerar la manifestación de este ideal.

Al visualizar, utilizamos nuestra concepción más elevada de lo que ese ideal puede ser, revestido de cierto tipo de materia, generalmente mental, pues aún somos incapaces de concebir formas y tipos más elevados de sustancia con la cual envolver nuestras imágenes. Al imaginar un cuadro, la sustancia mental de nuestra mente establece cierto ritmo de vibración que atrae hacia sí el correspondiente grado de sustancial mental, en que la mente está sumergida. La voluntad mantiene esta imagen fija y le da vida. Este proceso continúa, seamos o no capaces de verlo con el ojo mental. No tiene importancia que podamos o no verlo, porque el trabajo creador se realiza igualmente. Quizás podamos alguna vez seguir y ejecutar conscientemente todo el proceso.

En conexión con este trabajo, en la etapa del principiante, algunas personas se imaginan a los tres cuerpos (los tres aspectos de la naturaleza forma) vinculados por un cuerpo radiante de luz, o visualizan tres centros de energía vibrante que recibe el estímulo de un centro más elevado y poderoso; otros imaginan al alma como un triángulo de fuerza, unido al triángulo de la naturaleza inferior —vinculado por el "cordón plateado", mencionado en la Biblia cristiana, el sutratma o hilo del alma de las escrituras orientales, la "línea de la vida" de otras escuelas de pensamiento. En cambio otros mantienen la idea de una personalidad vinculada con la divinidad que mora internamente, ocultando en sí misma a esa divinidad, "Cristo en nosotros, esperanza es de gloria". Tiene poca importancia la imagen elegida, siempre que se inicie con la idea fundamental de que el yo trata de establecer contacto con el no-yo, utilizar su instrumento en los mundos de la expresión humana y viceversa, impulsar al pensamiento de ese no-yo para que se dirija hacia la fuente de su ser. Mediante el empleo de la imaginación y la visualización, el cuerpo de deseos, o naturaleza emocional, se alinea con el alma, y una vez realizado, puede continuarse con la práctica de la meditación. El cuerpo físico y la naturaleza de deseos se sumergen a su vez bajo el nivel de la conciencia, entonces nos centramos en la mente y tratamos de someterla a nuestra voluntad.

Precisamente aquí enfrentamos el problema. La mente se niega a amoldarse a los pensamientos que decidimos pensar, y recorre todo el mundo en su acostumbrada búsqueda de temas. Pensamos en lo que vamos a hacer durante el día, en lugar de reflexionar sobre nuestro "pensamiento simiente"; recordamos a alguien a quien debemos ver o alguna actividad que demanda nuestra atención; empezamos a pensar en algún ser querido, e inmediatamente descendemos al mundo de las emociones, debiendo empezar el trabajo de nuevo. De manera que reunimos nuevamente nuestros pensamientos y los retomamos con mucho éxito durante medio minuto, pero de pronto recordamos una cita o una diligencia que alguien está gestionando y volvemos otra vez al mundo de las reacciones mentales, quedando olvidada la línea de pensamientos. Nuevamente reunimos nuestras ideas diseminadas y retomamos la tarea de someter a la mente obstinada.

Will Levington Confort, en su 113ª carta resume este proceso, diciendo:

"Ni siquiera hemos soñado lo dispersa que es nuestra atención hasta que comenzamos a concentrarnos, y de la práctica de la concentración surge una nueva rectitud y fijeza en medio de la febril ineficacia de la vida personal. En los primeros intentos de meditación, prescindimos de las instrucciones comunes de elegir el tema y mantener la mente firme y fiel a ese tema; pasamos rápidamente sobre ello, sentimos pasión por el éxtasis y la iniciación, a fin de obtener algún medio con que dominar a los demás y destacarnos. Nos era permitido pastar en las brumosas praderas de la emoción, denominadas los brillantes campos del espíritu; creíamos que pensábamos... hasta que al perder la importancia, se ponía de manifiesto la angustiosa incertidumbre e inestabilidad de nuestros cimientos. Convencidos, finalmente, comenzábamos ansiosamente de nuevo desde abajo y aparecía la palabra estabilidad". [4]

Luego dice en la misma carta:

"Al comenzar a practicar la concentración, el esfuerzo efectuado nos deja sin aliento, y esta tensión hará que durante un tiempo no se produzcan los resultados esperados, pero a la larga y con la práctica, se adquiere la habilidad de mantener una centralización mental sin esfuerzo, que puede ser fortalecida sin peligro alguno". [5]

¿Cómo se alcanza este fortalecimiento? Siguiendo una fórmula o delineamiento; al practicar la meditación y automáticamente, se establece un círculo infranqueable alrededor de la mente, que dice "llegarás hasta aquí y nada más". Deliberadamente y con intento inteligente, establecemos los límites de nuestra actividad mental, en tal forma, que forzosamente tenemos que darnos cuenta cuando salimos de esos límites. Debemos ubicarnos nuevamente dentro del muro protector, establecido por nosotros mismos. Es necesario seguir alguna fórmula de meditación durante varios años, si no la hemos practicado previamente y, generalmente, hasta los que llegaron a la etapa de la contemplación se someten frecuentemente a prueba, utilizando una fórmula para asegurarse de que no han caído en una pasividad negativa emocional.

Durante los últimos siete años he empleado fórmulas como la siguiente, al enseñar la técnica de la meditación, a tres mil estudiantes aproximadamente, y ha demostrado su bondad en tantos casos, que la incluyo aquí.

FÓRMULAS DE MEDITACIÓN

Para Desarrollar la Concentración

Etapas

1. Lograr control y comodidad física.
2. Procurar que la respiración sea rítmica y regular.
3. Visualizar el triple yo inferior (físico, emocional y mental):
a. En contacto con el alma.
b. Como canal para la energía del alma, que por la mente llega directamente al cerebro, desde donde puede controlarse el mecanismo físico.
4. Concentrarse definidamente, aplicando la voluntad. Esto implica el esfuerzo por mantener la mente fija en cierta fórmula de palabras, de modo que se aclare en la conciencia su significado, no las palabras, ni el hecho de que estamos tratando de meditar.
5. Pronunciar con atención enfocada, lo siguiente:
"Más radiante que el sol, más puro que la nieve, más sutil que el éter, es el Yo, el espíritu que reside en mi; Yo soy Ése Yo. Ése Yo soy Yo".
6. Concentrarse sobre las palabras: "Dios, tú me ves". No debe permitirse a la mente vacilar cuando se concentra en su significación, significado e implicaciones.
7. Deliberadamente debe finalizarse la tarea de concentración diciendo, con la mente reenfocada en las ideas subyacentes, la afirmación final:
"Hay una paz que a toda comprensión trasciende; reside en los corazones de quienes viven en lo Eterno. Hay un poder que todas las cosas renueva; es el que vive y se mueve en quienes saben que el Yo es uno".

Esto en definitiva es una meditación para principiantes. Contiene varios puntos focales donde se emplea el proceso de recapitulación y el método de reenfoque. Hay muchos otros delineamientos de meditación que traen los mismos resultados, y también muchos otros para estudiantes avanzados. Hay delineamientos de meditación preparados para producir ciertos resultados específicos en determinadas personas, pero evidentemente no pueden incluirse en un libro como éste, siendo sólo posible dar una fórmula general de meditación que no ofrezca peligros. En todas ellas, sin embargo, lo primero que debe tenerse en cuenta es mantener la mente activa y ocupada con las ideas y no con el esfuerzo por concentrarse. Tras todas las palabras pronunciadas y las etapas a seguirse, debe haber la voluntad de comprender y una actividad mental unilateral.

En la sexta etapa, en que se hace un esfuerzo para meditar sobre cierta forma de palabras que velan una verdad, no debe haber nada automático en el proceso. Es muy fácil provocar en uno mismo una condición hipnótica, mediante la repetición rítmica de ciertas palabras. Se dice que Tennyson provocó en sí mismo un elevado estado de conciencia, repitiendo su propio nombre. Ésta no es la finalidad. El trance o la condición automática es peligrosa. El medio seguro es una actividad mental intensa, confinada en el campo de las ideas, abierto por un determinado "pensamiento simiente", o tema de meditación. Esta actividad excluye todos los pensamientos extraños, excepto los que despiertan las palabras en consideración, las cuales tomadas en una fórmula determinada, pueden ilustrarlo, y el proceso describe la correlación del pensamiento:

Dios tú me ves.
Este Dios es lo divino en mí, el Cristo inmanente, el alma.
Durante largas edades, el alma me ha visto y observado.
Por primera vez estoy en condición de ver a Dios.
Hasta ahora he sido negativo a esta Realidad divina.
La relación positiva está siendo posible.

Esto parece indicar la idea de dualidad.
Yo y Dios somos uno.
Yo soy Dios y lo he sido siempre.
Mi Yo me ha visto a mí.
Yo soy Ése Yo; Ése Yo soy Yo.

Esto es fácil de decir, pero para mantener la mente activa y atenta sobre el sentido y significado, se deberá pensar firme y concentradamente y habrá grandes dificultades para eliminar todo pensamiento que nada tenga que ver con el tema. He podido ayudar a veces al principiante confundido y desalentado, porque era incapaz de pensar cuándo y como él quería, diciéndole: "Imagínese que debe dar una conferencia sobre un tema. Véase formulando las notas sobre lo que va a hablar. Guíe a su mente de una etapa a otra y hallará que transcurrieron cinco minutos sin que su atención se desviara, debido al gran interés puesto".

Se deben elegir frases que tengan efectos positivos, y evitarse las que provocan un estado mental negativo y expectante. Es necesario cierto grado de comprensión y experiencia, para poder introducirse sin peligro en la práctica de la meditación, en expresiones como: "tranquilízate y sabe que yo soy Dios" (a menudo elegidas por principiantes bien intencionados). Exigen demasiada pasividad a la personalidad poco entrenada, y la energía que evocan estimula la naturaleza síquica. Will Levington Confort señala esto muy bien en la carta anteriormente citada, donde dice:

"Creo que la meditación sobre palabras como, 'tranquilízate y sabe que Yo soy Dios', pueden resultar desastrosas si se abusa de ellas. Más de una persona aún no madura, ha provocado en si misma una receptividad al poder que, actuando sobre sus aspiraciones insatisfechas, despertó pasiones y ambiciones secretas que están más allá de su capacidad para manejarlas. La meditación 'Yo soy Dios' podría decirse que es demasiado directa y eficaz, hasta el momento que quien la practica sabe lo que está haciendo. Algunos pueden acercarse al ego y continuar durante mucho tiempo desarrollando ese papel ante los hombres. El resultado será enfermedad, una desesperante fatiga, pérdida del camino, a medida que predica a otros. No es cuestión de lograr algo para enseñarlo a los hombres, sino comprender que estamos hechos como personalidades; presentir la llave de una potencia totalmente nueva y consagrar a toda la naturaleza humana, con ardiente entereza, a la tarea de encontrar y hacer girar esa llave. Comprendo que este párrafo acerca de la meditación. 'Yo soy Dios', contiene una atracción lo mismo que una advertencia. En verdad llegará el momento en que actuemos desde el sitial del ego, en vez de la personalidad, pero antes de ser capaces de adquirir el poder debemos alcanzar una refinada integración de la personalidad." [6]

El método correlativo sugerido es un medio seguro para el neófito. Se le ocurrirán otros al estudiante inteligente. Mundos enteros de pensamientos que puede recorrerlos a voluntad (observen estas palabras), se abren a la mente, siempre que tengan que ver con el pensamiento–simiente y se relacionen definidamente con la idea elegida sobre la que tratamos de concentrarnos. Evidentemente cada persona seguirá la inclinación de su propia mente (artística, científica o filosófica), y para ella será la línea de menor resistencia. Todos formulamos nuestros conceptos a nuestra manera. Pero la actitud indicada por la expresión "tranquilízate", no es para nosotros. Inhibimos otras actividades mentales mediante un intenso interés, pero no alcanzamos el silencio por el embotamiento mental o por la adopción de un método que induce al trance o a la completa ausencia de pensamiento.

Pensamos definidamente en líneas precisas. Todo aquel que enseña meditación sabe que es difícil inducir al místico a que renuncie a su condición pasiva (resultado del esfuerzo por hacer unilateral a la naturaleza emocional), obligándolo a que comience a emplear su mente. Oímos con frecuencia la queja: "esta técnica no me gusta, es demasiado intelectual y mental y nada espiritual". Pero lo que realmente quiere decir es: "Soy demasiado perezoso para emplear mi mente, sufro de inercia mental y prefiero mucho más las rapsodias emotivas e imponer un estado de paz sobre mi naturaleza emocional. Me siento mejor. Este método exige un trabajo demasiado intenso". ¿Por qué confundir la espiritualidad con las emociones? ¿Por qué el conocimiento no debe ser tan divino como el sentimiento? En efecto, este método exige trabajo arduo, especialmente al principio. Pero puede realizarse si se vence la pereza inicial. Quienes han triunfado conocen su valor supremo.

Al terminar este intento de indicar la labor inicial que el aspirante a este camino ha de realizar, debemos observar que la llave del éxito está en la práctica constante y persistente. A menudo, durante nuestra tarea con estudiantes de todo el mundo, hallamos que las mentes más agudas llegan en segundo término, porque falta el perseverante esfuerzo, en cambio una mente común llega repentinamente a la región del conocimiento comprobado, dejando atrás a su hermano más brillante, porque posee la aptitud de persistir. Los esfuerzos aislados no llevan al aspirante a ninguna parte, por el contrario, son perjudiciales, pues desarrollan un sentimiento constante de fracaso. Una pequeña tarea, realizada constante y fielmente día tras día, durante un largo período, producirá resultados infinitamente mayores que el esfuerzo entusiasta, pero esporádico. Unos pocos minutos de concentración o meditación regular, llevarán al aspirante mucho más lejos que varias horas de esfuerzo, tres o cuatro veces al mes. Se ha dicho en verdad que "para que la meditación sea eficaz en resultados, no debe ser meramente un esfuerzo esporádico, hecho cuando nos sentimos inclinados a ello, sino una persistente presión de la voluntad".

Otro punto debe recordarse: que el último en apreciar los resultados de su labor es el estudiante mismo. La meta que él se ha señalado es tan maravillosa que probablemente se sentirá desanimado más que satisfecho. Lo más prudente es abandonar toda idea de resultados eventuales y de efectos fenoménicos, desechándolos definitivamente, y seguir simplemente las antiguas reglas. No debemos preocuparnos constantemente de si progresamos o no. Quienes nos rodean notarán, segura y verdaderamente, el progreso hecho, juzgándolo por nuestra creciente eficiencia, autocontrol, estabilidad y servicio. Es prudente medir el desarrollo de un estudiante por la práctica de la meditación, la extensión de su campo de servicio y lo que dicen sus amigos de él, más que por los informes que envía. Nuestro trabajo es ir constantemente adelante, desempeñando nuestra tarea sin apegos, como dice el aspirante hindú.

Para alcanzar el éxito, debe haber un deseo genuino y persistente, una clara visión del valor de los resultados y una convicción de que la meta puede ser alcanzada por el conocimiento definitivo de la técnica del método. Esto, con la persistente presión de la voluntad, es todo lo que se necesita, y está al alcance de todo aquel que lea este libro.

Notas:

1. Whither Mankind, pág. 41 de Charles Beard.
2. Theosophy or Psychological Religion, pág. 284.
3. La Luz del Alma, pág. 152, de Alice A. Bailey.
4. Letters.
5. Ídem.
6. Letters.

CAPÍTULO DÉCIMO

LA PRECAUCIÓN EN LA MEDITACIÓN

"La vida limpia, la mente abierta, el corazón puro, el intelecto ansioso, la revelada percepción espiritual, el hermanazgo con el condiscípulo, la disposición a dar y recibir consejo e instrucción..., la disposición a obedecer los preceptos de la Verdad..., sufrir valerosamente las injusticias personales, la valerosa declaración de principios, la valiente defensa de quienes fueron injustamente atacados, la constante atención hacia el ideal de la progresión y perfección humanas, descritas por la ciencia secreta, constituyen la escalera de oro, por cuyos peldaños puede ascender el aprendiz hasta el Templo de la Sabiduría Divina".

H.   P. BLAVTSKY

EL DELINEAMIENTO de la práctica de la meditación, dado en el capítulo anterior, constituye un buen ejercicio de concentración para el principiante, y lo llevará, con el tiempo, si es constante, a la práctica genuina de la meditación. Es difícil poder concentrarse durante un minuto, pero constituye un verdadero paso en el proceso de la meditación, el cual es un acto de concentración prolongada. El delineamiento ayudará a lograr una atención activa. Muchos delineamientos similares pueden ser descritos por quienes conocen las reglas y son buenos sicólogos, y pueden satisfacer las necesidades de diversos tipos de personas. En las últimas páginas de este libro aparecen algunos delineamientos, pero evidentemente en un libro de este tipo no tienen cabida prácticas más avanzadas ni un trabajo más intenso. Ello sólo puede llevarse a cabo con inteligencia cuando se han dominado las primeras etapas.

Debe observarse que con indesviable atención, todo proceso mental que conduzca desde la forma externa, hacia dentro, a la energía o aspecto vida de esa forma, y permita al pensador identificarse con ella, servirá un propósito similar al del delineamiento técnico. Cuando se comprende que cualquier sustantivo es, por ejemplo, el nombre de una cosa y, por lo tanto, de una forma, sirve como pensamiento simiente en la meditación. La forma se estudiará respecto a su cualidad y propósito, y con el tiempo todo puede ser retrotraído a una idea, y toda verdadera idea emana del reino del alma. Si se asume la actitud adecuada y, por lo tanto, se siguen los procesos delineados en el Capitulo V, el pensador se verá conducido desde el mundo fenoménico al mundo de las realidades divinas. A medida que se adquiera práctica en la concentración, se podrá omitir la consideración de la forma externa y de la cualidad y aspecto de la misma, y una vez que la concentración (gracias a la persistencia y práctica) llegue a ser automática e instantánea, el estudiante puede comenzar con el aspecto *propósito* o la idea subyacente que trajo a la existencia a la forma externa. Este concepto lo expresa Plutarco cuando dice:

"Toda idea es un ser incorpóreo, que no tiene subsistencia propia, pero que da figura y forma a la materia amorfa y se convierte en causa de la manifestación". (De Placit, Philos).

Palabras significativas que encierran mucha información para el estudiante de esta antigua técnica de la meditación.

Podría decirse, por consiguiente, que desde el punto de vista de la mente, la finalidad de la meditación consiste en alcanzar el mundo de las ideas; desde el ángulo del alma constituye la identificación del alma individual con el mundo originador de todas las ideas. Mediante el control de la mente nos damos cuenta que las ideas están detrás de nuestra evolución mundial y la manifestación (a través de la materia) de la forma que adoptan. Por medio de la meditación establecemos contacto con una parte del Plan; percibimos los anteproyectos del Gran Arquitecto del Universo, dándonos la oportunidad de participar en su surgimiento a la objetividad, mediante nuestro contacto con las ideas durante la meditación y su correcta interpretación.

Por lo tanto, es evidente la necesidad de que el aspirante posea una mente bien entrenada y provista de conocimiento, si quiere interpretar con exactitud lo que percibe; es evidente, asimismo, que debe ser capaz de formular con claridad los pensamientos con que trata de revestir las ideas nebulosas y, a la vez, mediante su claro pensar, plasmarlas en el cerebro expectante. Quizá sea verdad que Dios en muchos casos desarrolla Sus planes, valiéndose de seres humanos, pero necesita agentes inteligentes, hombres y mujeres de más capacidad que los elegidos por los conductores de la raza para participar en sus esfuerzos. No es suficiente amar a Dios. Sólo es un paso hacia la correcta dirección, pero cuando la devoción no está equilibrada con el buen sentido y la inteligencia, conduce a muchas acciones torpes y a esfuerzos mal dirigidos. Dios busca a quienes poseen mentes altamente desarrolladas y entrenadas y refinados cerebros (para registrar sensiblemente las impresiones más elevadas), a fin de llevar a cabo correctamente el trabajo. Podría decirse que los santos y los místicos revelaron la naturaleza de la Vida divina y la cualidad de las ideas que rigen Sus actividades en el mundo fenoménico, y que a los conocedores del mundo y a los intelectuales de la raza les corresponde a su vez revelar al mundo el Plan sintético y el Propósito divino. De este modo hallaremos el hilo de oro que nos sacará del laberinto de nuestra actual condición caótica mundial y nos llevará a la luz de la verdad y la comprensión.

Debemos recordar que vivimos en un mundo de energía y de fuerza. El poder de la opinión pública (emocional como comúnmente es, iniciada con frecuencia por algunas ideas básicas, malas o mediocres, formuladas por los pensadores) es bien conocido, siendo una forma de energía que produce grandes resultados. El efecto devastador de la emoción incontrolada, por ejemplo, es igualmente bien conocido, y también una demostración de fuerza. La expresión, tan generalmente empleada, "las fuerzas de la naturaleza", demuestra que desde que el hombre empezó a pensar, supo que todo es energía. El científico dice que todo es manifestación de energía y que no existe otra cosa sino energía, estamos sumergidos en ella, afluye a través nuestro y actúa en nosotros. Se dice que todas las formas están compuestas de átomos y los átomos son unidades de energía. En consecuencia el hombre mismo es energía, formado de unidades de energía, viviendo en un mundo similarmente constituido, y trabajando con energía todo el tiempo.

La ley fundamental que rige toda la práctica de la meditación, es la que antiguamente formularon los videntes de la India hace siglos, según la cual "la energía sigue al pensamiento". Desde la región de las ideas (o del conocimiento del alma) fluye energía. La opinión pública que prevalece en el reino del alma, se filtra poco a poco en las densas mentes de los hombres, y a ello pueden atribuirse todos los movimientos progresistas de la época actual, todas las organizaciones de bien común y mejoramiento grupal, todos los conceptos religiosos y todo conocimiento externo de las Causas que producen la objetividad. Tales ideas asumen ante todo una forma mental, y alguna mente las capta, medita sobre ellas o las trasmite a algún grupo de pensadores, llevándose a cabo la tarea de reflexionar cabalmente sobre las mismas.

Comienza entonces a penetrar el deseo y tenemos una reacción emocional hacia los pensamientos evocados por las ideas, y va construyéndose gradualmente la forma. Así continúa el trabajo, y la energía del alma, de la mente y del deseo, se correlaciona con la energía de la materia y viene a la existencia una forma definida. Puede afirmarse que toda forma, ya sea la de una máquina, un orden social o un sistema solar, es la materialización del pensamiento de algún pensador o grupo de pensadores. Es un tipo de trabajo creador, y las mismas leyes que han intervenido para que surja a la existencia rige todo el proceso, y el trabajo ha sido concentrado con una energía de determinado tipo. El estudiante de meditación debe, por lo tanto, recordar que trabaja siempre con energías, las cuales varían y tienen un efecto definido sobre las energías de que él mismo está compuesto (si se permite esta expresión).

Es evidente, en consecuencia, que el hombre que aprende a meditar debe procurar realizar dos cosas:

Primero: traer a la mente y luego interpretar correctamente aquello que ha visto y con lo cual se ha puesto en contacto, y luego trasmitirlo con exactitud y precisión al atento e impresionable cerebro. Así el hombre, en su despierta conciencia física, percibe las cosas del reino de Dios.

Segundo: conocer la naturaleza de las energías con las que hace contacto y entrenarse para utilizarlas correctamente. Podría darse un ejemplo práctico universalmente reconocido. Cuando nos sentimos arrastrados por la ira o la irritabilidad, instintivamente empezamos a gritar. ¿Por qué? Porque la energía emocional nos domina. Aprendiendo a controlar la energía de la palabra hablada, empezamos a dominar este tipo particular de energía emocional.

Ambas ideas, correctas interpretación y trasmisión y correcto empleo de la energía, resumen toda la práctica de la meditación. Evidencian también el problema que enfrenta el estudiante y por qué todos los instructores inteligentes de la técnica de la meditación recomiendan a sus discípulos la necesidad de que procedan despacio y con cuidado.

Es esencial comprender que la meditación puede resultar una práctica muy peligrosa, causar al individuo serias dificultades, resultar destructiva y desorganizadora, ser más perjudicial que beneficiosa y llevar al individuo a una catástrofe, si entra en el Camino del

Conocedor sin la adecuada comprensión de lo que está haciendo, y de a dónde lo llevará. En realidad puede ser la "tarea salvadora", y librar al hombre de todas sus dificultades, y en forma constructiva y liberadora, guiar al hombre, mediante correctos y sensatos métodos, por la senda que conduce de las tinieblas a la luz, de la muerte a la inmortalidad y de lo irreal a lo Real. Podría ser de utilidad considerar estos dos puntos un poco más detenidamente.

Hemos visto que la profunda necesidad del aspirante es traer con exactitud a la conciencia del cerebro físico los fenómenos del mundo espiritual con los cuales podrá ponerse en contacto. Sin embargo, es probable que transcurra mucho tiempo antes de poder penetrar en tal mundo. Por lo tanto debe aprender a diferenciar los campos de percepción que se le abrirán, a medida que se hace más sensible y conoce el carácter de lo que ve y oye. Consideraremos brevemente algunos fenómenos de la mente inferior, que los estudiantes constantemente interpretan mal.

Algunos, por ejemplo, registran un arrobador encuentro con el Cristo o alguna gran alma que se les aparece cuando meditan, les sonríe y les dice: "Alégrate, estás haciendo un gran progreso. Eres uno de los trabajadores elegidos y te será revelada la verdad", o algo igualmente fatuo. Se entusiasman por el acontecimiento, lo anotan en sus diarios y me escriben con gran gozo, diciendo que es el acontecimiento más importante ocurrido en sus vidas. Puede serlo, si lo manejan correctamente y aprenden la lección. ¿Qué ha ocurrido realmente? ¿Ha visto el estudiante al Cristo? Aquí debe recordarse la verdad de que "los pensamientos son cosas" y que todos los pensamientos toman forma. Dos cosas lo han producido, si realmente ha tenido lugar, pero no es el resultado de una imaginación vívida y sobreestimulada. El poder de la imaginación creadora recién ahora empieza a presentirse y es posible ver lo que queremos ver, aunque no esté allí. El deseo del aspirante por progresar y su arduo esfuerzo, lo han obligado a despertarse o a ser consciente en el plano síquico, el plano de las imaginaciones vanas, de los deseos y de las realizaciones ilusorias. En tal reino se pone en contacto con una forma mental de Cristo o de algún grande y reverenciado Instructor. El mundo de la ilusión está lleno de estas formas mentales, construidas en el trascurso de las edades por los amorosos pensamientos los hombres, y el individuo, actuando por medio de su propia naturaleza síquica (la línea de menor resistencia para la mayoría), llega a hacer contacto con tal forma mental, la confunde con la realidad, y se la imagina diciendo todo lo que quisiera que diga. Anhela que lo alienten; busca, como la mayoría, justificar el fenómeno mediante su esfuerzo; tranquiliza su cerebro, y se desliza suavemente a una condición síquica y negativa. Mientras se encuentra en tal condición, su imaginación empieza a actuar, ve cuanto quiere ver, y oye magníficas palabras de reconocimiento, que es lo que él ansía. No se le ocurre que los guías de la raza están demasiado ocupados con las actividades grupales de los pensadores avanzados y líderes de la humanidad, mediante los cuales Ellos actúan, para emplear Su tiempo con los infantes de la raza, que pueden quedar bajo la tutela de seres menos evolucionados. Tampoco se les ocurre que si estuvieran tan avanzados y altamente evolucionados como para merecer el privilegio de tal contacto, el Maestro no malgastaría Su tiempo y el del aspirante, dándole golpecitos en la espalda y pronunciando sandeces muy altisonantes, pero sin sentido. Más bien utilizaría el breve momento en indicar alguna debilidad que debe eliminarse o alguna obra constructiva a emprender.

También puede suceder que alguna *fuerza* (palabra frecuentemente empleada) o entidad, llegue al estudiante mientras medita y le describa una gran obra, para la cual ha sido elegido; algún mensaje mundial que debe dar para ser oído por el mundo entero, o algún gran invento que debe presentar al mundo expectante, si continúa siendo bueno. Alegremente se ciñe el manto de profeta y, con inquebrantable creencia en su capacidad y habilidad para influir a miles de personas, aunque es relativamente impotente para influir a quienes lo rodean, se prepara para llevar a cabo su misión divina. En un año, tres "Instructores mundiales", que estudiaban meditación en otras escuelas, solicitaron ingresar en el grupo con el que estoy asociada. Pero no lo hicieron por querer llevar a cabo la práctica de la meditación, sino por creer que nos alegraría el ingreso en el grupo de los cientos de personas que ellos salvarían. Decliné tal honor, y desaparecieron sin saber nunca más de ellos. El mundo todavía los espera. Su sinceridad no ofrece duda alguna. Creían en lo que decían. Pero sin duda sufrían de alucinación. Todos corremos el peligro de engañarnos de la misma manera cuando empezamos a meditar, si la mente discernidora no está alerta, o si tenemos secretas aspiraciones de sobresalir espiritualmente y sufrimos un complejo de inferioridad, el cual debe ser neutralizado.

Otra causa del engaño reside en que estas personas quizá hicieron verdadero contacto con el alma. Tuvieron un destello de su omnisciencia y perdieron la cabeza, debido a lo maravilloso del conocimiento y de la visión. Sobreestimaron su capacidad pero el instrumento del alma fue totalmente incapaz de estar a la altura de los requisitos; hay aspectos en sus vidas sobre los cuales no puede brillar la luz; existen fallas secretas que conocen, pero no pueden remediar, y también el deseo de fama, poder y ambición. Aún no son almas que funcionan activamente. Han tenido simplemente la visión de una posibilidad y se derrumban debido a que no ven la personalidad tal cual es.

Sin embargo, a pesar de ser verdad lo que antecede, tengamos siempre presente que es privilegio del verdadero conocedor, trabajar en íntima colaboración con los Guías de la raza, pero el medio de colaboración no es engañar al estudiante. Recién cuando empezamos a funcionar conscientemente como almas y nos ocupamos de prestar un servicio desinteresado (un servicio autoiniciado y desarrollado, porque el alma es consciente del grupo y la naturaleza del alma es servir), estableceremos tal contacto. Cristo es el Hijo de Dios en plena actividad funcional, el "Primogénito de una gran familia de hermanos". Posee una conciencia de alcance universal y a través de Él afluye el amor de Dios, y los propósitos de Dios llegan a su fructificación. Es el Maestro de Maestros, el Instructor de ángeles y hombres. Cuando Él y Sus colaboradores descubren que un aspirante está absorbido en la obtención de la autodisciplina, y es fiel y consciente en sus esfuerzos, trata de ver si la luz que reside en él ha llegado a la etapa en que puede brillar. Si descubren a alguien que ansía tanto servir a sus semejantes, que no espera establecer contactos fenoménicos ni tiene interés en alabanzas, ni en satisfacer su vanidad y complacencia, posiblemente le es revelado el trabajo que puede realizar en su propia esfera de influencia para impulsar el Plan divino. Pero tendrá que empezar por demostrar allí donde se encuentra, primeramente su capacidad en su hogar y ocupación y en las pequeñas cosas, antes de confiársele sin peligro las grandes. La ridícula arrogancia que aparece en alguno de los escritos que registran los contactos psíquicos de quienes los escriben, es casi increíble, por lo menos podrían demostrar sentido del humor.

El punto que el estudiante de la meditación debe recordar es que todo conocimiento e instrucción es transmitido a la mente y al cerebro por la propia alma del hombre, la cual ilumina su camino. Los Instructores y Maestros de la raza trabajan por mediación de las almas. Nunca se reiterará esto suficientemente. El primer deber de cada aspirante debería ser la práctica perfecta de la meditación, el servicio y la disciplina, y no establecer contacto con una gran Alma. Quizá sea menos interesante, pero lo protege de la ilusión. Si lo hace, los resultados elevados se manifestarán por sí mismos. Por lo tanto, si se le presenta alguna aparición, y tal entidad hace comentarios trillados, debe utilizar el mismo criterio que emplearía en los negocios o en la vida común, si alguien se le presentara y dijera: "tienes un gran trabajo en tus manos, vas bien, observamos y sabemos, etc., etc.,". Probablemente soltaría una carcajada y continuaría con la actividad o deber del momento.

Otro efecto de la meditación muy prevaleciente en esta época, es el diluvio de los denominados escritos inspirados, a los que en todas partes se les da mucha importancia. Hombres y mujeres escriben en forma automática, inspirada y profética, y difunden al público los resultados de su tarea. Estos escritos se caracterizan por la uniformidad de ciertos detalles, lo cual puede explicarse de varias maneras. Proceden de muy diferentes fuentes internas. Son curiosamente similares; indican un espíritu de amorosa aspiración; no dicen nada nuevo, sino que repiten lo ya dicho tantas veces; contienen muchas afirmaciones y frases relacionadas con los escritos de los místicos o con las enseñanzas cristianas; quizá encierren algunas profecías sobre acontecimientos futuros (generalmente deplorables y terribles y muy raras veces auspiciosas); dan muchas satisfacciones a quien los escribe y hacen que se considere un alma grande y maravillosa, siendo, por lo general, afortunadamente inofensivos. Son legión y resulta cansado leer varios de esos manuscritos. Algunos son decididamente destructivos, predican grandes e inmediatos cataclismos y fomentan el temor en el mundo. Aun suponiendo que estas predicciones fueran verdad, cabe preguntar, qué ganan con atemorizar al público y si no es más constructivo que las personas conozcan su destino inmortal, en vez de que sean arrastradas por un maremoto, o víctimas de una catástrofe, o que su ciudad sea borrada del mapa. ¿Qué son estos escritos —buenos e inofensivos, dañinos, destructivos, subversivos? Se pueden clasificar, en general, en dos tipos; primero, tenemos los escritos de esas almas sensibles que se pueden sintonizar —en los niveles síquicos— con el cúmulo de aspiraciones, anhelos e ideas de los místicos de todas las épocas, o los engendrados por las actuales condiciones mundiales, o análogamente sintonizar los temores de las épocas, los temores raciales y hereditarios o los engendrados por las actuales condiciones mundiales prevalecientes. Esto lo captan, escriben y distribuyen entre sus amigos. A esta categoría pertenecen los escritos de los sensitivos más mentales, que pueden ponerse en relación telepática con el mundo mental, responden a la mente de un poderoso pensador, o al conjunto de conceptos del mundo religioso, y registran en las esferas mentales el temor, el odio y la separatividad de las masas. Aunque el material registrado sea bueno o malo, placentero (raras veces sucede), desagradable o imparta temor o un presagio, en todos los casos es materia síquica, y de ninguna manera indica la cualidad reveladora del alma. Las profecías de los Libros de Daniel y del Apocalipsis, han dado pie a la construcción de una forma mental de temor y terror, a la cual se deben muchos escritos de naturaleza síquica; el exclusivismo de la religión organizada condujo a muchos, a separarse del resto de la humanidad y a considerarse como los elegidos del Señor, con la marca del Cristo en su frente y, por consiguiente, asumen la posición de que nada les pasará y el resto del mundo debe perecer, a no ser que se les convenza para que interpreten la verdad y el futuro, en los términos expuestos por el ungido y el elegido.

Segundo, estos escritos pueden indicar un proceso de auto-desenvolvimiento y un método por el cual el místico introvertido puede convertirse en extrovertido. El escritor puede haber extraído de la riqueza del conocimiento subconsciente que posee, acumulado en sus lecturas, reflexiones y contactos. Su mente ha registrado y almacenado muchos conocimientos, de los cuales ha sido inconsciente durante muchos años. Empieza a meditar y, repentinamente, se sumerge en las profundidades de su propia naturaleza, hasta penetrar en las fuentes de su propia subconciencia, llegándole la información que ha quedado bajo el umbral de su conciencia diaria. Comienza a escribir asiduamente. Constituye un enigma la razón por la cual considera estas ideas como emanadas del Cristo o de algún gran Instructor. Probablemente nutre su orgullo (también inconscientemente) al considerarse un canal por el cual Cristo puede comunicarse. No me refiero aquí a la masa de escritos automáticos tan populares hoy. Supongo que el estudiante de la meditación nada quiere saber con este peligroso tipo de trabajo. Ningún verdadero aspirante, que trata de dominarse a sí mismo, entregará las riendas de su gobierno, sometiéndose al control de entidad alguna encarnada o desencarnada, ni prestará su mano ciegamente para ser empleada por cualquier fuerza. Los peligros de este tipo de trabajo son demasiado bien conocidos y llevaron a muchas personas a institutos sicopáticos, o fue necesario liberarles de obsesiones e ideas fijas, por lo tanto, no es preciso extenderme sobre ello.

Lógicamente se preguntarán, ¿cómo es posible diferenciar los escritos inspirados de un verdadero conocedor, de este cúmulo de literatura que inunda la mente del público en la actualidad? Diría ante todo, que el escrito realmente inspirado carecerá totalmente de referencias personales; emitirá una nota de amor y no contendrá nada que despierte odios y erija barreras raciales; trasmitirá conocimiento definido y su autoridad residirá en la respuesta de la intuición; responderá a la ley de analogía, y se adaptará al cuadro mundial. Sobre todo contendrá la impronta de la sabiduría divina y llevará a la raza un poco más adelante. Respecto a su mecánica, los escritores de este tipo de enseñanza tendrán una cabal comprensión de los métodos empleados. Dominarán la técnica del proceso; serán capaces de protegerse de la ilusión y la intromisión de personalidades, y tendrán un conocimiento práctico del mecanismo con que trabajan. Sabrán cómo recibir las enseñanzas de entidades desencarnadas y de grandes Maestros, y conocerán todo lo concerniente a quienes trasmiten tales enseñanzas.

Los verdaderos servidores de la raza y quienes hacen contacto con el mundo del alma, por la meditación, no tienen tiempo para exponer generalidades, lo dejan para quienes repiten las cosas como loros. Dichos servidores están demasiado ocupados en servir constructivamente, y no disponen de tiempo para ceñirse el manto que sólo es el velo del orgullo; no les interesa la buena opinión de cualquier persona, encarnada o desencarnada, sino únicamente la aprobación de su propia alma, interesados vitalmente en el trabajo precursor del mundo. Tampoco harán nada para nutrir el odio y la separatividad ni fomentar el temor, siendo muchas las personas en el mundo que están demasiado dispuestas a hacerlo; avivarán la llama del amor dondequiera vayan; enseñarán la verdadera inclusividad de la hermandad y no un sistema que enseñe la hermandad a unos pocos, excluyendo al resto; reconocerán a todos los hombres como Hijos de Dios y no se ubicarán en un pedestal de rectitud y conocimientos, desde donde proclamar la verdad tal como la ven, condenando a la destrucción a quienes no están de acuerdo ni actúan como ellos creen que deben actuar, ubicándolos fuera de la ley; tampoco consideran una raza mejor que otra, aunque reconozcan el plan evolutivo y la labor que corresponde a cada raza. En resumen, tratarán de educar el carácter de los hombres, no malgastarán el tiempo destruyendo personalidades, ni se ocuparán de efectos o resultados. Trabajarán en el mundo de las causas y enunciaran principios. El mundo está lleno de destructores que nutren los actuales odios y agrandan las divisiones entre razas y grupos, ricos y pobres. Que el verdadero estudiante de la meditación recuerde que, cuando hace contacto con su alma y se unifica con la Realidad, entra en un estado de conciencia grupal que derriba toda barrera y no excluye, de su esfera de conocimiento, a ninguno de los hijos de Dios.

Podrían mencionarse otras formas de ilusión, porque el primer mundo que el aspirante alcanza generalmente es el psíquico, el de la ilusión. Esto tiene su utilidad, y penetrar en él es una de las experiencias más valiosas, siempre que las reglas del amor y la impersonalidad guíen al aspirante y todos los contactos sean sometidos a la mente discriminadora y al prevaleciente sentido común. Muchos aspirantes carecen del sentido del humor y lo toman demasiado en serio. Dejan de lado el sentido común al penetrar en un nuevo campo de fenómenos. Es útil registrar y luego olvidar lo que se ve y oye, hasta empezar a actuar en el reino del alma, pues entonces no les interesará recordarlo. Deben evitarse también los personalismos y el orgullo, pues no tienen cabida en la vida del alma, la cual se rige por principios y por amor a todos los seres. Cuando estas cualidades se desarrollan, no hay peligro de desvío o demora para quien estudia la meditación, pues inevitablemente penetrará algún día en ese mundo del cual se dice que "nadie ha visto ni oído las cosas que Dios ha revelado a quienes Lo aman". Ese momento depende de su persistencia y paciencia.

La segunda dificultad a considerar puede interpretarse en términos de energía. Los estudiantes con frecuencia se quejan de un sobreestímulo y una acrecentada energía que son incapaces de manejar, y dicen que al tratar de meditar se sienten indebidamente inquietos o con deseos de llorar; experimentan períodos de intensa actividad, donde corren de un lado a otro, sirven, hablan, escriben y trabajan y terminan reaccionando violentamente, hasta llegar a veces al punto de un colapso nervioso. Otros se quejan de cierto dolor en la cabeza, de una molesta vibración en la frente o en la garganta después de meditar. Sufren, además, de insomnio. En realidad, están sobre estimulados. Su sistema nervioso ha sido afectado por intermedio de los finos y sutiles "nadis" que fundamentan los nervios, a los que ya me he referido. Los principiantes en la ciencia de la meditación atraviesan por dificultades que deben superar cuidadosamente. Si se manejan en forma correcta desaparecerán pronto, pero si se descuidan pueden conducir a serios trastornos. Todo aspirante ansioso e interesado, constituye él mismo una dificultad en esta etapa, porque su ansia por dominar la técnica de la meditación, lo hace olvidar las reglas dadas y precipitarse, a pesar de todo lo que le diga el instructor o las advertencias hechas. En vez de sujetarse a la fórmula señalada de quince minutos, trata de forzarse y dedicar treinta minutos; en vez de seguir el delineamiento establecido, trata de sostener la concentración el mayor tiempo posible, y en el máximo esfuerzo olvida que está aprendiendo a *concentrarse* y no a meditar. Por lo tanto sufre de insomnio, sobreviniéndole el colapso nervioso, culpando al instructor y considerando peligrosa esta ciencia; sin embargo, el verdadero culpable es él mismo.

Al presentarse alguna de estas dificultades primordiales, debería suspenderse momentáneamente la práctica de la meditación o hacerla con más lentitud. Si la condición no es demasiado grave para justificar la completa cesación de la práctica, debe observarse y descubrirse hacia dónde parece dirigirse (en el cuerpo humano) la energía entrante. Durante la meditación se extrae energía, que se dirige a determinada parte del mecanismo.

En los tipos *mentales* o en el caso de quienes ya tienen cierta facilidad en "centrar su conciencia" en la cabeza, se sobreestimulan las células del cerebro, dando lugar a dolores de cabeza, insomnio, sensación de plenitud o vibración perturbadora, entre los ojos o en la parte superior de la cabeza. Otras veces, se tiene la sensación de una luz enceguecedora, similar a un repentino relámpago o destello de electricidad, que se ve con los ojos cerrados, lo mismo en la oscuridad que en la luz.

Cuando esto ocurre, el período de la meditación debe reducirse de quince a cinco minutos, o practicar la meditación día por medio, hasta que las células del cerebro se hayan ajustado al nuevo ritmo y al creciente estímulo. No hay motivo de ansiedad si se es prudente y se obedece a los consejos del instructor, pero si el estudiante en tales condiciones empieza a forzar su meditación o a alargar el tiempo, se expone a serios trastornos. De nuevo entra en juego el sentido común, y con la reducción del tiempo y la práctica de una breve meditación cada día, es posible volver a la normalidad. Tuvimos estudiantes que pasaron por esto, pero obedientes a las reglas indicadas y aplicando el sentido común, ahora meditan treinta minutos o una hora diariamente.

En los temperamentos emocionales, la dificultad se siente primeramente en la región del plexo solar. El estudiante es propenso a la irritabilidad, ansiedad y preocupación; las mujeres, especialmente, tienen disposición a llorar con facilidad y a veces a sentir náuseas, pues hay una íntima relación entre la naturaleza emocional y el estómago, como lo prueban los vómitos que se producen en casos de sobresalto, temor o intensa emoción. Se aplica, como en los primeros casos, la misma regla, el sentido común y la práctica más cuidadosa y más lenta del proceso de meditación.

Podría mencionar otro efecto del sobreestímulo. Hay personas que se hacen excesivamente sensibles. Los sentidos trabajan en exceso y sus reacciones son más agudas. Se apropian de las condiciones físicas y psíquicas de quienes los rodean, están totalmente abiertas, por así decirlo, a los pensamientos y temperamentos de otras. Su terapéutica no consiste en acortar los períodos de meditación —que deben continuar de acuerdo al programa— sino en interesarse en forma más mental sobre la vida, el mundo de las ideas, algún tema que tienda a desarrollar la capacidad mental y la habilidad de vivir centrado en la cabeza y no en la zona emocional. La cura se obtendrá enfocando la atención en la vida y sus problemas, y efectuando un intenso trabajo mental. Por esta razón los instructores prudentes no enseñan meditación si no va acompañada de algún curso de lectura o estudio, a fin de mantener el equilibrio de sus estudiantes. El desarrollo cabal es siempre necesario, y la mente entrenada debe ir a la par del crecimiento en la vida espiritual.

Existe una tercera categoría de resultados indeseables, que no debemos omitir. Muchos estudiantes de meditación se quejan que su vida sexual ha sido extremadamente estimulada, causándoles numerosos trastornos. Se han presentado varios casos cuya investigación permitió observar que dichos estudiantes tenían una naturaleza animal aún muy poderosa, de vida sexual activa y desordenada y, aunque llevaron una vida física controlada, sus mentes eran absorbidas por pensamientos sexuales. Se descubre con frecuencia un fuerte complejo mental en relación con lo sexual, y quienes considerarían erróneo llevar una vida sexual anormal o practicar perversiones, se ocupan mentalmente del sexo o lo discuten en todo momento, permitiéndole desempeñar una parte indebida en su actividad mental.

Algunas personas dignas tienen, además, la firme convicción de que el celibato debe acompañar siempre la vida del espíritu. ¿No será que el verdadero celibato a que se refieren las antiguas reglas, concierne a la actitud del alma o del hombre espiritual hacia el mundo, la carne y el demonio, como lo expresan las escrituras cristianas? ¿No será que el verdadero celibato se refiere a nuestra abstención de todo lo que parece malo? El celibato en unos, consistirá en abstenerse de toda relación sexual, a fin de demostrarse a sí mismos que han llegado a controlar la naturaleza animal; en otros, por ejemplo, abstenerse de toda murmuración y charla inútil. Nada hay de pecaminoso en el matrimonio, que probablemente es la única solución para muchos que, de otra manera, llevarían una indebida actividad mental en lo que se refiere al sexo. Es innecesario agregar que el verdadero estudiante de meditación no debe tolerar en su vida la promiscuidad o las relaciones sexuales ilegítimas. El aspirante a la vida del espíritu se somete no sólo a las leyes del reino espiritual, sino también a las costumbres legalizadas de su época y tiempo. Por consiguiente, regulariza su vida física cotidiana de tal manera, que el hombre de la calle reconoce en él, la moralidad, la rectitud y la corrección, con que se presenta ante el mundo. Un hogar que esté fundamentado en una verdadera y feliz relación entre el hombre y la mujer, en la mutua confianza, colaboración y comprensión, y donde resalten los principios de la vida espiritual, es una de las mejores ayudas que se puede proporcionar al mundo en la actualidad. La relación basada en la atracción física y en la gratificación de la naturaleza sexual, cuyo principal objetivo sea prostituir la naturaleza síquica para el deseo animal, es pecaminosa y errónea. Si la meta de nuestros esfuerzos es poner de manifiesto al Dios inmanente en la forma, ningún nivel de conciencia es intrínsecamente más divino que otro, y la divinidad puede expresarse en todas las relaciones humanas. Si un hombre o mujer casados no pueden alcanzar la iluminación y llegar a la meta, debe haber algo que no está bien, pues la divinidad no puede expresarse por lo menos en uno de los planos. Poniéndolos en palabras que quizá sean consideradas una blasfemia, pero que nos permitirán captar la futilidad de estos razonamientos, puede decirse que "Dios es derrotado en una parte de Su reino".

Nos hemos extendido en este punto porque muchas personas, particularmente hombres, encuentran que la naturaleza animal requiere atención cuando comienzan a meditar. Descubren en sí mismos deseos incontrolados, además de efectos fisiológicos que causan agudo malestar y desaliento. Una persona puede poseer altas aspiraciones y sentir un fuerte anhelo hacia la vida espiritual y al mismo tiempo tener aspectos en su naturaleza aún incontrolados. La energía que afluye durante la meditación, desciende a través del mecanismo y estimula todo el sistema sexual. Siempre se descubre y estimula el punto débil. La cura de esta condición puede resumirse en estas palabras: control de la actividad mental y trasmutación. Debe cultivarse una intensa preocupación e interés mental en otra dirección que no sea la de menor resistencia, el sexo. Debe hacerse un esfuerzo constante para retener en la cabeza la energía recibida, empleándola en alguna actividad creadora. La enseñanza oriental dice que la energía generalmente dirigida a la actividad sexual debe ser elevada y conducida a la cabeza y a la garganta, particularmente a esta última, que según se expone, es el centro del trabajo creador. Expresándolo en términos occidentales significa que aprendemos a transmutar la energía utilizada en el proceso procreador o en pensamientos sexuales, y a utilizarla creadoramente en escritos, en esfuerzos artísticos o en alguna actividad grupal. La moderna tendencia de encontrar al pensador, centralizado y de tipo puramente mental que eluda el matrimonio y, como frecuentemente se hace, lleve una vida exclusivamente célibe, puede ser una demostración de la veracidad de la posición oriental, y causa de gran preocupación entre quienes estudian la disminución de la natalidad. La transmutación no es por cierto la muerte de una actividad o el cese de una función en cualquier nivel de conciencia, en bien de otro superior. Constituye la correcta utilización de los distintos aspectos de la energía, donde el yo cree que debe emplearse para impulsar los fines de la evolución y ayudar en el Plan. La mente iluminada por el alma debería ser el factor controlador, y cuando pensemos y vivamos correctamente y elevemos los pensamientos y energías a "los lugares celestiales", resolveremos nuestros problemas, mediante el desenvolvimiento de una normal espiritualidad, tan necesaria en esta época, particularmente entre los aspirantes y estudiantes esotéricos.

Es conveniente, además, antes de terminar este capítulo, referirnos a los peligros a que se exponen quienes responden al llamado de instructores que buscan alumnos "para desarrollar la mediumnidad". Se les enseña a meditar sobre algún centro de energía, generalmente el plexo solar, a veces el cardíaco y, lo curioso, nunca el coronario. La meditación sobre un centro está basada en la ley según la cual la energía sigue al pensamiento y conduce a estimular directamente a dicho centro, con la resultante demostración de las características particulares, de las cuales estos puntos focales —diseminados por todo el cuerpo humano— son responsables. Debido a que la mayoría de las personas actúan principalmente por medio de las energías acumuladas abajo del diafragma (la energía sexual y la emocional), su estímulo es muy peligroso. Teniendo esto en cuenta ¿por qué arriesgarse?, ¿por qué no aprender de la experiencia de otros?, ¿Por qué no aprender a actuar como el hombre espiritual, desde ese punto descrito en forma tan amena por los escritores orientales, "el trono entre las cejas", y desde este elevado lugar controlar los aspectos de la naturaleza inferior y guiar la vida cotidiana por los caminos de Dios?

CONCLUSIÓN

"El espíritu inmanente es el Verbo, largo tiempo extraviado,
buscado con dolor por el mundo del alma,
a través de un mundo de palabras huecas y vanas.
Mientras la sombra y la luz estén mezcladas
nunca la mundana búsqueda del Verbo será terminada,
ni las heridas del mundo serán curadas
hasta que el Verbo hecho carne, 'sea el Verbo hecho Alma'".

ARTHUR EDWARD WAITE

¿Cuál será el resultado de todos nuestros esfuerzos? ¿La satisfacción personal o un gozoso cielo de eterno descanso y beatitud? ¡Dios no lo quiera! La búsqueda en el mundo continúa; el grito de la humanidad se eleva desde las profundidades y asciende hasta el trono de Dios Mismo. Desde el Corazón del Templo de Dios, hasta el cual nos hemos abierto camino luchando y esforzándonos, volvemos y trabajamos en la Tierra. No descansamos de nuestros esfuerzos hasta que el último de los buscadores del mundo haya encontrado su camino de retorno al hogar.

¿Qué salvará a este mundo de su agonía, desastre económico y caos actuales? ¿Qué va a introducir la nueva era de hermandad y vida grupal? ¿Quién o qué salvará al mundo? ¿No surgirá a la existencia activa un grupo de místicos prácticos que, asociados en el sentido de unidad divina, trabajen en forma práctica en la Tierra? Ellos no se retirarán a los monasterios o a los lugares solitarios del mundo, no importa lo atrayentes que les parezcan, sino que participarán de la vida normal del planeta. Serán los ejecutivos de nuestras grandes ciudades; desarrollarán nuestros programas políticos; conducirán a la juventud por los senderos de la correcta educación; regularán nuestros destinos económicos, sociales y nacionales, y lo harán desde el centro de su ser y desde el punto de vista del alma; conocerán el secreto de la iluminación; sabrán cómo someter todos los problemas a la omnisciencia del alma; conocerán el secreto de la vida, que hace que todos los hombres sean hermanos.

Reconocerán, como hijos de Dios, a todos cuantos los rodean, pero descubrirán también el signo del hombre iluminado y tratarán de colaborar con él para bien de todos. Se encontrarán unos a otros telepáticamente y trabajarán, por lo tanto, en la más estrecha colaboración. Este grupo ya existe, y sus miembros están en íntima relación entre sí. Se hallan en todos los países del mundo; sin embargo, se reúnen diariamente en el reino del alma. Hablan un mismo lenguaje; tienen los mismos ideales; no conocen fronteras ni divisiones; no sienten odios ni establecen diferencias de clase; no establecen barreras raciales; ven las cosas tal cual son; no siendo idealistas ilusos, se concentran sobre el siguiente paso que debe dar la humanidad y no en las etapas finales de su propio desarrollo. Trabajan con sabiduría mundana, a la vez que con percepción espiritual. Sobre todo, trabajan unidos y se ponen en relación mediante el poder de una realización unificada.

Este grupo integrador de místicos y conocedores es la esperanza del mundo y constituye el grupo Salvador del Mundo. Están por encima y más allá de todos los credos y teologías; actúan en todos los campos de la realización humana-científico, político, religioso, educativo y filosófico. No se interesan en terminologías, ni pierden el tiempo tratando de imponer a otros sus propias teorías, ni sus términos peculiares o su especial método de acercamiento a la verdad. Reconocen la verdad subyacente en todas las presentaciones y sólo les interesa los principios de la hermandad y hacer resaltar lo esencial y vivir la vida del espíritu, en el mundo cotidiano.

Conocen el significado de la meditación y están con nosotros ahora. Nuestro es el privilegio de ingresar en sus filas, sometiéndonos a la técnica de la meditación, a la disciplina del correcto vivir cotidiano y a la influencia que ejerce el móvil puro de SERVIR.

Printed in the USA
CPSIA information can be obtained
at www.ICGtesting.com
LVHW092312050324
773681LV00031B/413